Rabenwerkstatt 1

Mein Forderheft

Autor
Thomas Borys, Karlsruhe

Ernst Klett Verlag
Stuttgart · Leipzig

Figuren erkennen

○ **1** Welche Bilder siehst du? Kreise ein.

○ **2** Welche Bilder siehst du? Kreise ein.
Du darfst die kleinen Bilder auch drehen.

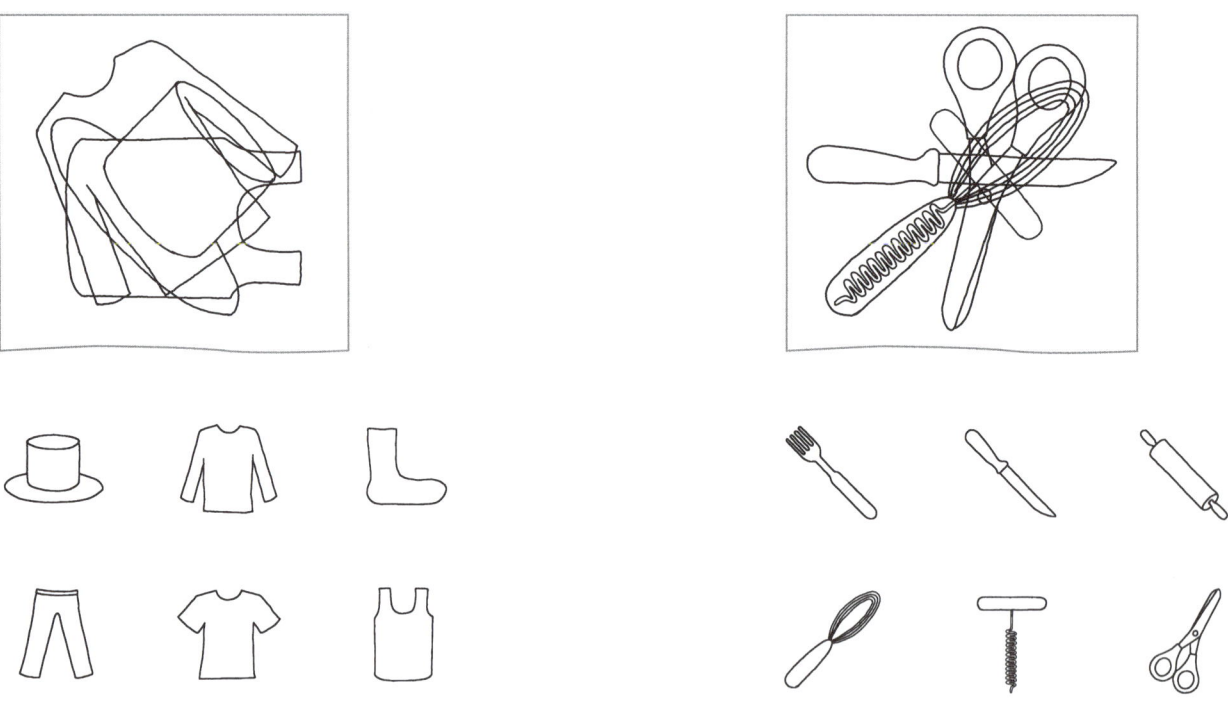

1–2 Kleine Bilder einkreisen, die im großen Bild enthalten sind. Die kleinen Bilder sind teilweise gedreht.

1 Welche 2 kleinen Figuren sind nicht
im großen Muster enthalten? Kreise ein.

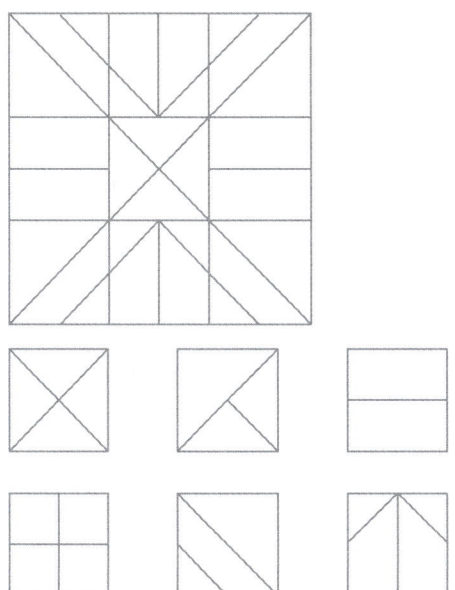
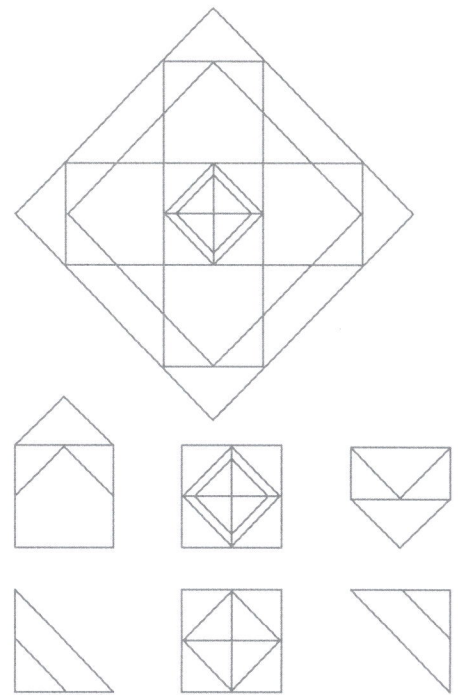

2 Welche 2 kleinen Figuren sind nicht im großen Muster enthalten?
Kreise ein. Du darfst die kleinen Figuren auch drehen.

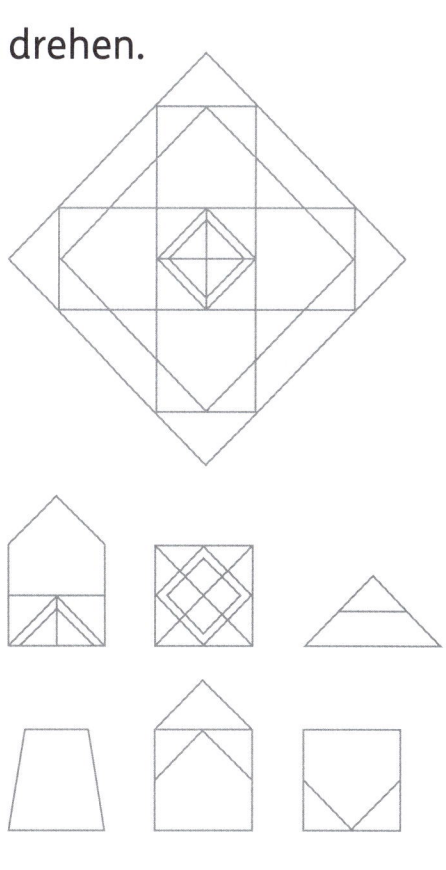

1–2 Kleine Bilder einkreisen, die nicht im großen Bild enthalten sind. Die kleinen Bilder sind teilweise gedreht.

3

Anzahlen bestimmen

1

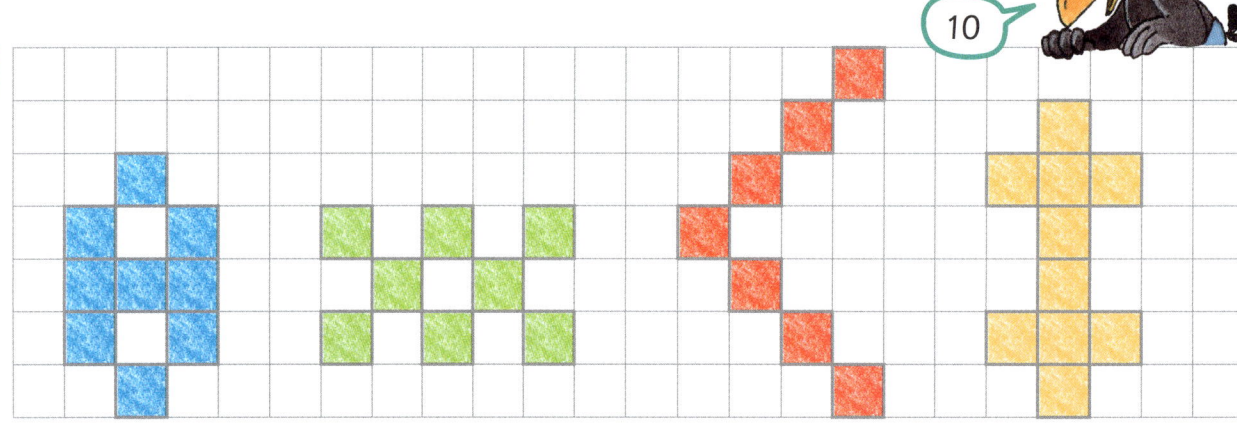

—————— —————— —————— ——————

2 Setze fort.

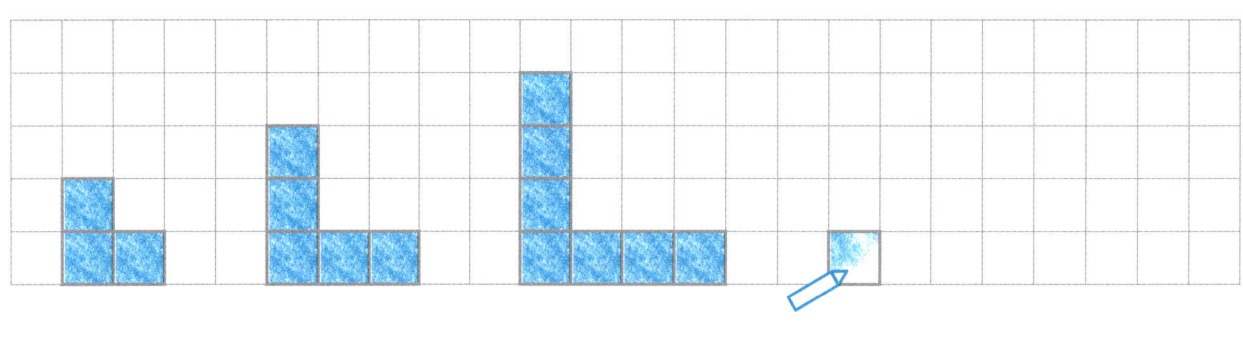

—————— —————— —————— ——————

3 Finde ein eigenes Muster.

—————— —————— —————— ——————

1 Anzahl der Kästchen pro Figur bestimmen. **2** Die Folge der Figuren fortsetzen und Anzahl der Kästchen pro Figur bestimmen. **3** Eigene Figurenfolge erfinden.

1 Wo kannst du leicht zählen? Kreise ein.

 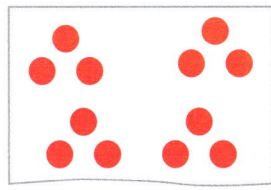 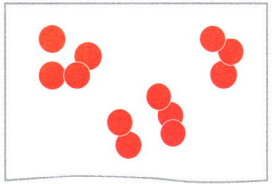 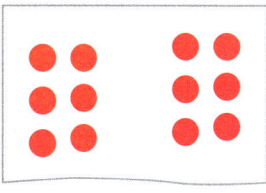

——— ——— ——— ———

2 Male die Plättchen so, dass dein Partner sie leicht zählen kann.

Finde 2 Möglichkeiten.

10	10	12	12

3

 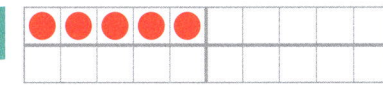 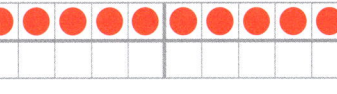 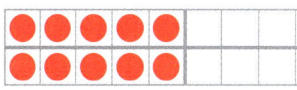

——— ——— ———

 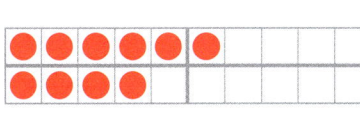 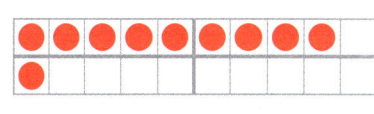

——— ——— ———

4 Ordne die Plättchen so, dass du sie leicht zählen kannst.

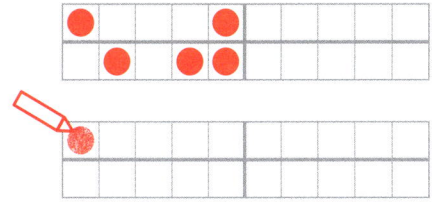 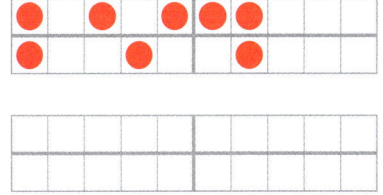

——— ——— ———

1 Anzahlen bestimmen. Mengen, die sich leicht zählen lassen, einkreisen. 2 Plättchen so einzeichnen, dass leichtes Zählen möglich ist. 3 Anzahlen im Zwanzigerfeld bestimmen. 4 Anzahl der Plättchen bestimmen und so einzeichnen, dass leichtes Zählen möglich ist.

5

Würfeltiere: Anzahlen bestimmen

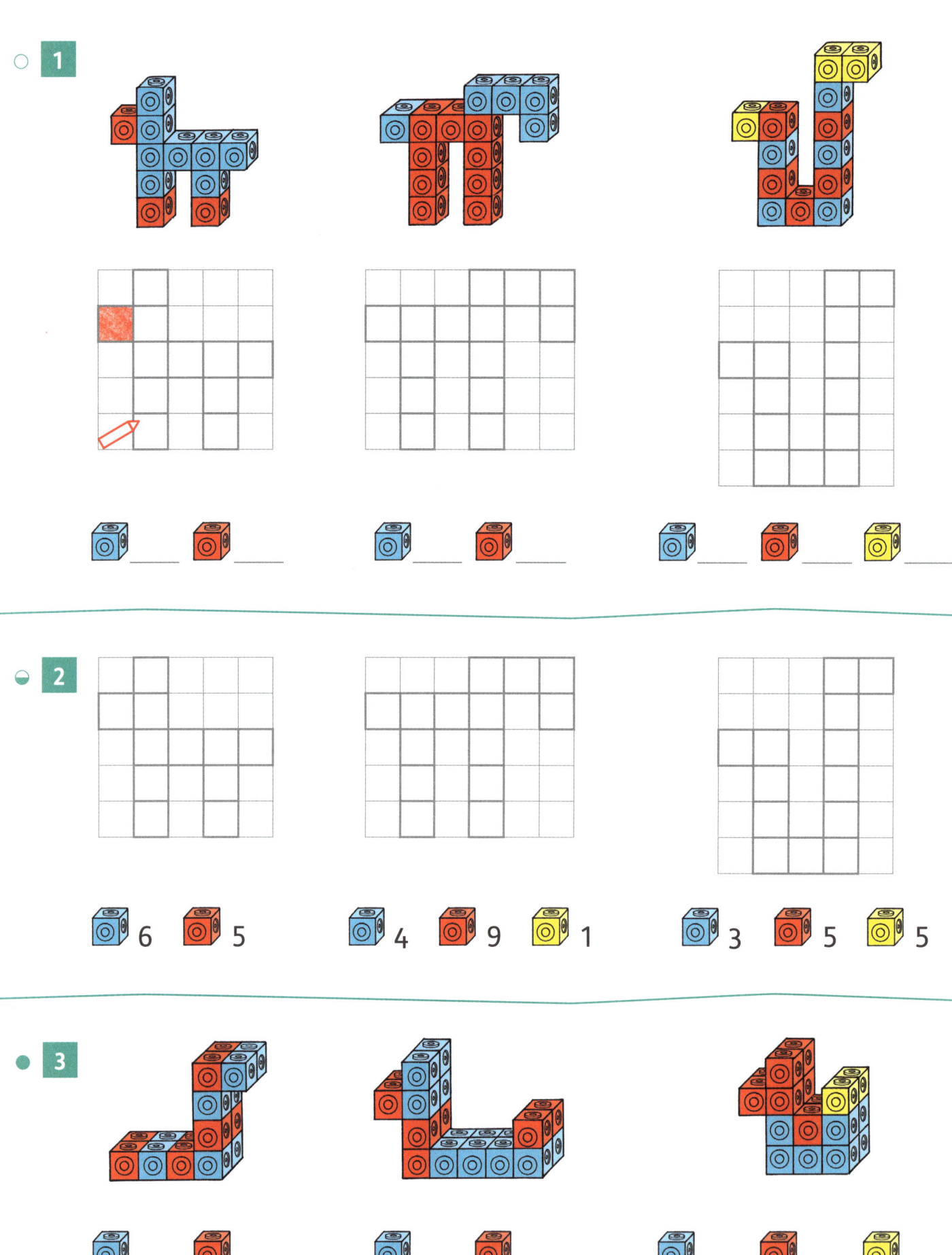

1 Ansichten der Tiere färben und Anzahl der jeweils verwendeten Würfel pro Farbe notieren. **2** Ansichten nach der vorgegebenen Anzahl an Würfeln pro Farbe färben. Es gibt immer verschiedene Lösungen. **3** Anzahl der jeweils verwendeten Würfelfarben notieren.

Zahlen vergleichen

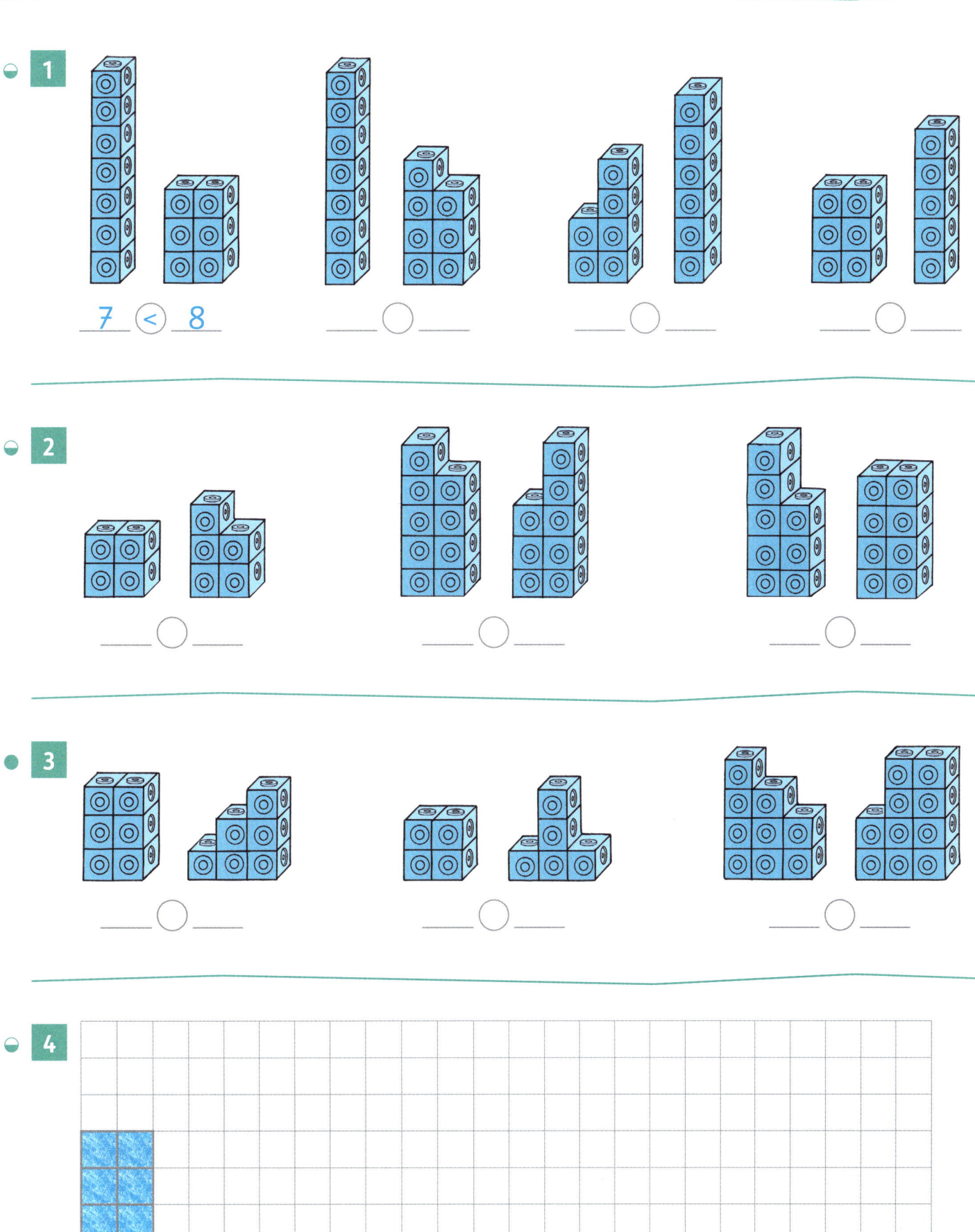

1

7 < 8

____ ◯ ____

____ ◯ ____

____ ◯ ____

2

____ ◯ ____

____ ◯ ____

____ ◯ ____

3

____ ◯ ____

____ ◯ ____

____ ◯ ____

4

6 < ____

8 = ____

12 > ____

1–3 Anzahl der Würfel pro Würfelgebäude bestimmen, Zahlen vergleichen. 4 Zahlen notieren und dazu passende Anzahl von Kästchen färben. Es gibt immer verschiedene Lösungen.

Schüttelboxen

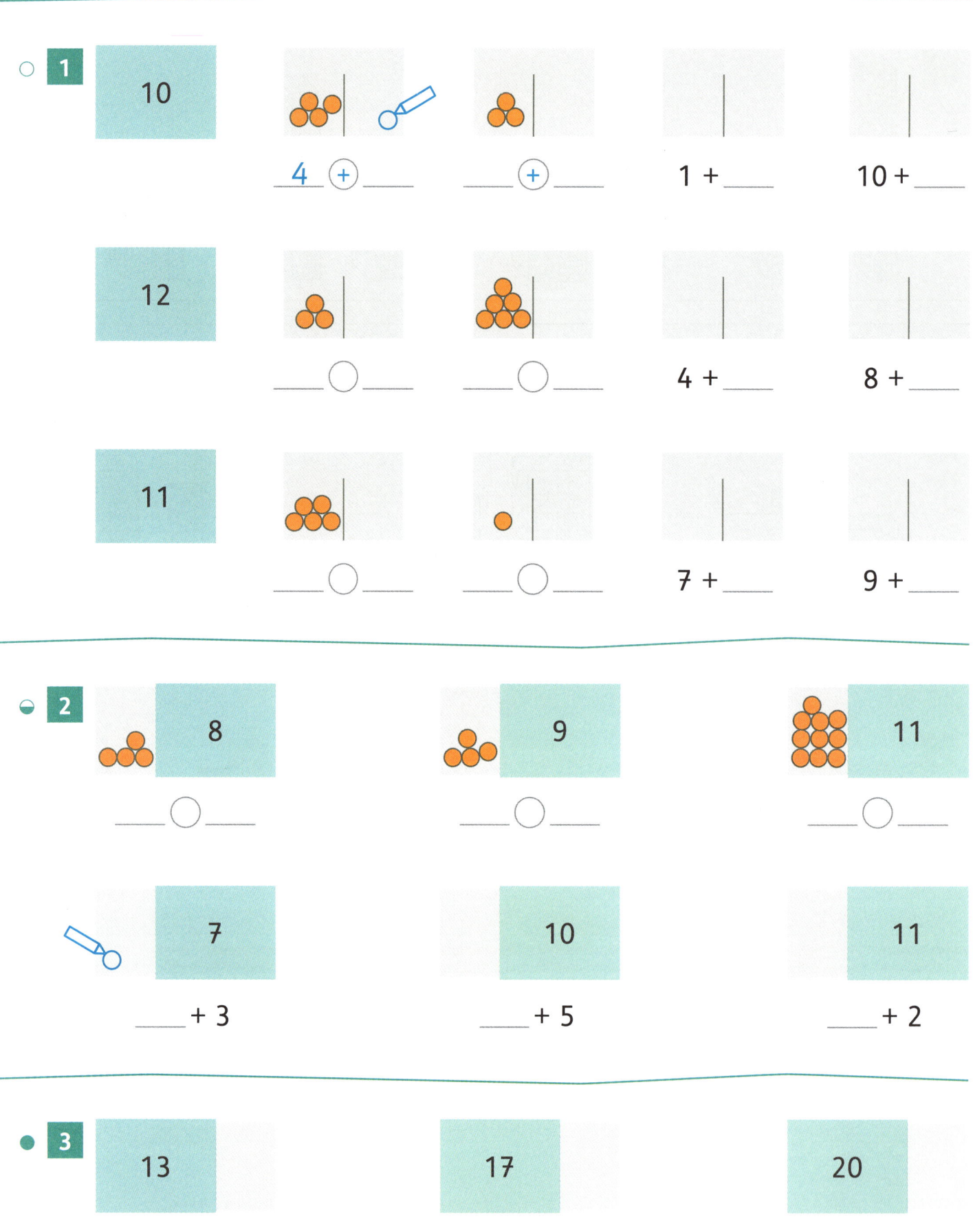

1

| 10 | | | 1 + ___ | 10 + ___ |

$\underline{}4$ ⊕ ___   ___ ⊕ ___

| 12 | | | 4 + ___ | 8 + ___ |

___ ◯ ___   ___ ◯ ___

| 11 | | | 7 + ___ | 9 + ___ |

___ ◯ ___   ___ ◯ ___

2

| 8 | | 9 | | 11 |

___ ◯ ___   ___ ◯ ___   ___ ◯ ___

| 7 | | 10 | | 11 |

___ + 3   ___ + 5   ___ + 2

3

| 13 | | 17 | | 20 |

10 + ___   10 + ___   20 + ___

1 Zerlegungen notieren oder in die Schüttelboxen einzeichnen. **2** Anzahl der verdeckten Perlen bestimmen und Zerlegung notieren. In den unteren Zeilen Perlen einzeichnen und Zerlegung notieren.

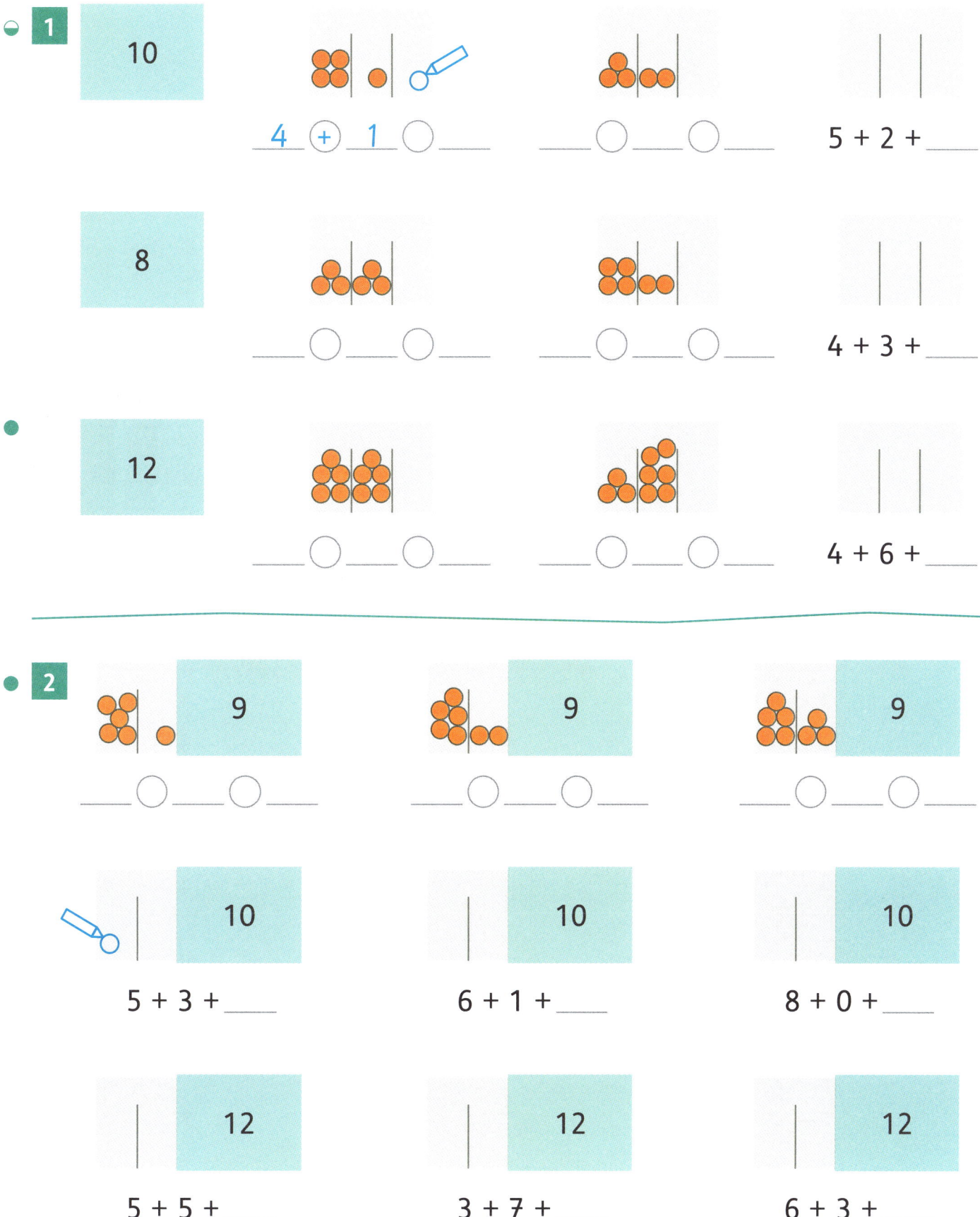

1

10

$\underline{\quad 4 \quad}$ (+) $\underline{\quad 1 \quad}$ ◯ $\underline{\quad\quad}$ $\underline{\quad}$ ◯ $\underline{\quad}$ ◯ $\underline{\quad\quad}$ 5 + 2 + $\underline{\quad\quad}$

8

$\underline{\quad}$ ◯ $\underline{\quad}$ ◯ $\underline{\quad\quad}$ $\underline{\quad}$ ◯ $\underline{\quad}$ ◯ $\underline{\quad\quad}$ 4 + 3 + $\underline{\quad\quad}$

12

$\underline{\quad}$ ◯ $\underline{\quad}$ ◯ $\underline{\quad\quad}$ $\underline{\quad}$ ◯ $\underline{\quad}$ ◯ $\underline{\quad\quad}$ 4 + 6 + $\underline{\quad\quad}$

2

9

$\underline{\quad}$ ◯ $\underline{\quad}$ ◯ $\underline{\quad\quad}$

9

$\underline{\quad}$ ◯ $\underline{\quad}$ ◯ $\underline{\quad\quad}$

9

$\underline{\quad}$ ◯ $\underline{\quad}$ ◯ $\underline{\quad\quad}$

10

5 + 3 + $\underline{\quad\quad}$

10

6 + 1 + $\underline{\quad\quad}$

10

8 + 0 + $\underline{\quad\quad}$

12

5 + 5 + $\underline{\quad\quad}$

12

3 + 7 + $\underline{\quad\quad}$

12

6 + 3 + $\underline{\quad\quad}$

1 Zerlegungen zu dreigeteilten Schüttelboxen notieren oder einzeichnen.　**2** Anzahl der verdeckten Perlen bestimmen und Zerlegung notieren. In den unteren Zeilen Perlen einzeichnen und Zerlegung notieren.

9

Zahlenhäuser

1 Immer 6.

6		
2	3	1

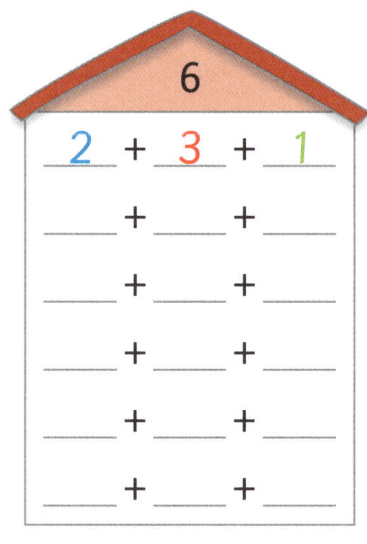

6

2 + 3 + 1
___ + ___ + ___
___ + ___ + ___
___ + ___ + ___
___ + ___ + ___
___ + ___ + ___

2

4
___ + ___ + ___
___ + ___ + ___
___ + ___ + ___
___ + ___ + ___
___ + ___ + ___

5
___ + ___ + ___
___ + ___ + ___
___ + ___ + ___
___ + ___ + ___
___ + ___ + ___

7
___ + ___ + ___
___ + ___ + ___
___ + ___ + ___
___ + ___ + ___
___ + ___ + ___

10
___ + ___ + ___
___ + ___ + ___
___ + ___ + ___
___ + ___ + ___
___ + ___ + ___

12
___ + ___ + ___
___ + ___ + ___
___ + ___ + ___
___ + ___ + ___
___ + ___ + ___

15
___ + ___ + ___
___ + ___ + ___
___ + ___ + ___
___ + ___ + ___
___ + ___ + ___

1 Würfelschlangen nachbauen, Anzahl der Würfel pro Farbe notieren. Ins Zahlenhaus übertragen. **2** Verschiedene Zahlzerlegungen finden.

Plusaufgaben

1

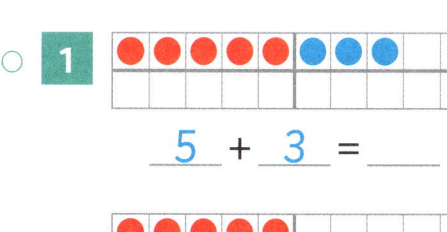

<u>_5_</u> + <u>_3_</u> = ____

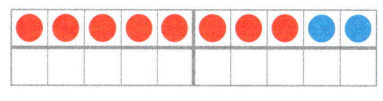

____ + ____ = ____

____ + ____ = ____

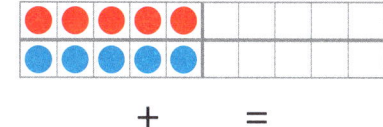

____ + ____ = ____

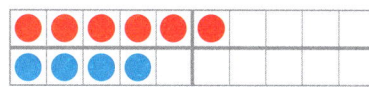

____ + ____ = ____

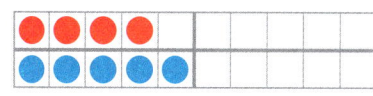

____ + ____ = ____

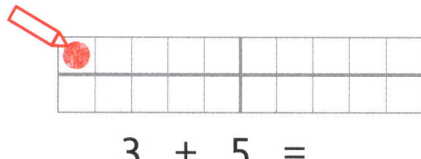

3 + 5 = ____

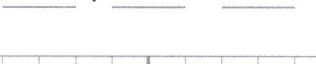

4 + 4 = ____

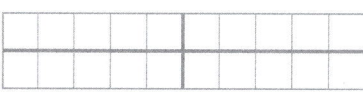

7 + 2 = ____

2

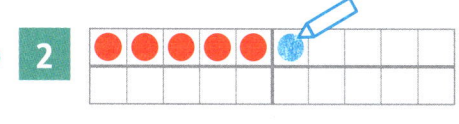

<u>_5_</u> + ____ = 9

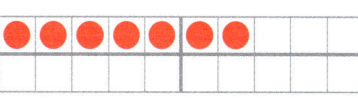

____ + ____ = 8

____ + ____ = 6

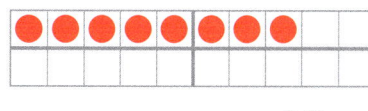

____ + ____ = 10

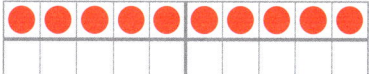

____ + ____ = 10

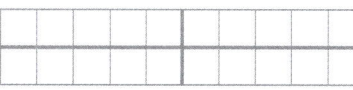

____ + ____ = 10

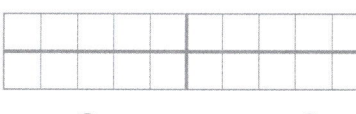

2 + ____ = 6

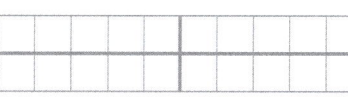

6 + ____ = 9

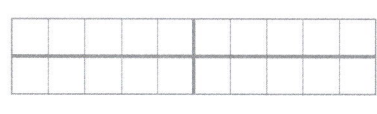

5 + ____ = 10

3

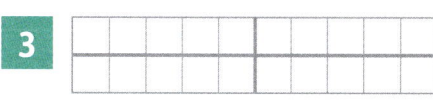

____ + ____ = 7

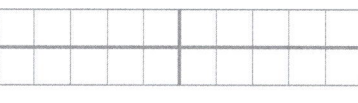

____ + ____ = 7

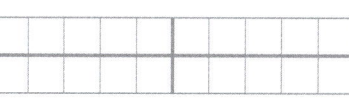

____ + ____ = 7

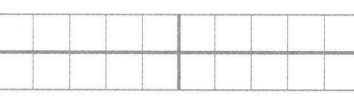

____ + ____ = 10

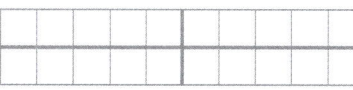

____ + ____ = 10

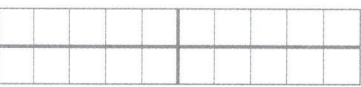

____ + ____ = 10

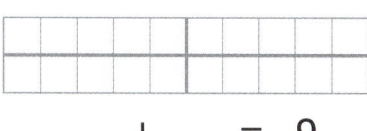

____ + ____ = 9

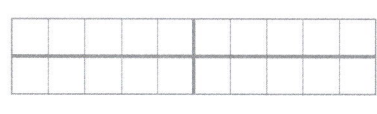

____ + ____ = 9

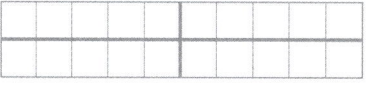

____ + ____ = 9

1–2 Additionsaufgaben der Punktedarstellung im Zwanzigerfeld entnehmen, schreiben und rechnen oder Aufgaben einzeichnen und Lösung eintragen. **3** Aufgaben zu vorgegebenem Ergebnis erfinden, Plättchen einzeichnen und Aufgabe notieren.

Plusaufgaben finden

1

___ + ___ = ___ ⠀⠀⠀ ___ + ___ = ___ ⠀⠀⠀ ___ + ___ = ___

2

___ + ___ = ___ ⠀⠀⠀ ___ + ___ = ___ ⠀⠀⠀ ___ + ___ = ___

___ + ___ = ___ ⠀⠀⠀ ___ + ___ = ___ ⠀⠀⠀ ___ + ___ = ___

3

___ + ___ + ___ = ___ ⠀⠀⠀⠀⠀⠀⠀⠀⠀ ___ + ___ + ___ = ___

1 – 3 Additionsaufgaben im Bild finden, notieren und rechnen.

Plusaufgaben: Würfel

 **1**

 $3 + 5 = $ ___
$5 + 3 = $ ___

___ $+$ ___ $=$ ___
___ $+$ ___ $=$ ___

___ $+$ ___ $=$ ___
___ $+$ ___ $=$ ___

 ___ $+$ ___ $=$ ___
___ $+$ ___ $=$ ___

 ___ $+$ ___ $=$ ___
___ $+$ ___ $=$ ___

  ___ $+$ ___ $=$ ___
___ $+$ ___ $=$ ___

 **2**

$1 + 2 + $ ___ $= $ ___
$1 + 3 + $ ___ $= $ ___
$2 + 1 + $ ___ $= $ ___
$2 + 3 + $ ___ $= $ ___
$3 + 1 + $ ___ $= $ ___
$3 + 2 + $ ___ $= $ ___

 $1 + 4 + $ ___ $= $ ___
$1 + 5 + $ ___ $= $ ___
$4 + 1 + $ ___ $= $ ___
$4 + 5 + $ ___ $= $ ___
$5 + 1 + $ ___ $= $ ___
$5 + 4 + $ ___ $= $ ___

 ___ $+$ ___ $+$ ___ $=$ ___
 ___ $+$ ___ $+$ ___ $=$ ___
___ $+$ ___ $+$ ___ $=$ ___
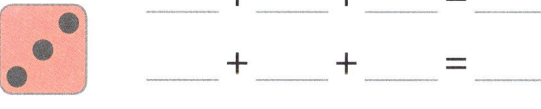 ___ $+$ ___ $+$ ___ $=$ ___
___ $+$ ___ $+$ ___ $=$ ___
___ $+$ ___ $+$ ___ $=$ ___

 ___ $+$ ___ $+$ ___ $=$ ___
___ $+$ ___ $+$ ___ $=$ ___
  ___ $+$ ___ $+$ ___ $=$ ___
___ $+$ ___ $+$ ___ $=$ ___
___ $+$ ___ $+$ ___ $=$ ___
___ $+$ ___ $+$ ___ $=$ ___

1–2 Additionsaufgaben zu Würfelpunkten schreiben und rechnen.

Aufgabenrollen

1

8 + 2 = ____
7 + 2 = ____
6 + 2 = ____
5 + 2 = ____
____ + ____ = ____
____ + ____ = ____

Die erste Zahl

Die zweite Zahl

Das Ergebnis

bleibt immer gleich.

wird immer um 1 kleiner.

wird immer um 1 kleiner.

2

12 + 0 = ____
10 + 1 = ____
8 + 2 = ____
6 + 3 = ____
____ + ____ = ____
____ + ____ = ____

Die erste Zahl

Die zweite Zahl

Das Ergebnis

wird immer um ____ kleiner.

wird immer um ____ kleiner.

wird immer um ____ größer.

3

0 + ____ = 6
2 + ____ = 7
4 + ____ = 8
6 + ____ = 9
____ + ____ = ____
____ + ____ = ____

Die erste Zahl

Die zweite Zahl

Das Ergebnis

wird immer um _____.

wird immer um _____.

wird immer um _____.

1–3 Aufgabenrollen bearbeiten: Rechnen, entdecken, fortführen. Passende Satzteile miteinander verbinden und ergänzen.

Tauschaufgaben

1

$$5 + 2 = \underline{\quad}$$
$$2 + \underline{\quad} = \underline{\quad}$$

$$\underline{\quad} + \underline{\quad} = \underline{\quad}$$
$$\underline{\quad} + \underline{\quad} = \underline{\quad}$$

$$\underline{\quad} + \underline{\quad} = \underline{\quad}$$
$$\underline{\quad} + \underline{\quad} = \underline{\quad}$$

2

$$0 + 9 = \underline{\quad}$$
$$9 + \underline{\quad} = \underline{\quad}$$

$$4 + 3 = \underline{\quad}$$
$$\underline{\quad} + \underline{\quad} = \underline{\quad}$$

$$7 + 2 = \underline{\quad}$$
$$\underline{\quad} + \underline{\quad} = \underline{\quad}$$

3

$$2 + 5 + 3 = \underline{\quad}$$
$$\underline{\quad} + \underline{\quad} + \underline{\quad} = \underline{\quad}$$
$$\underline{\quad} + \underline{\quad} + \underline{\quad} = \underline{\quad}$$

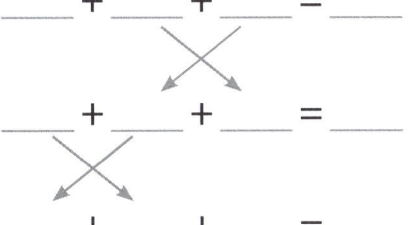

$$\underline{\quad} + \underline{\quad} + \underline{\quad} = \underline{\quad}$$
$$\underline{\quad} + \underline{\quad} + \underline{\quad} = \underline{\quad}$$
$$\underline{\quad} + \underline{\quad} + \underline{\quad} = \underline{\quad}$$

4

$$2 + 1 + 9 = \underline{\quad}$$
$$\underline{\quad} + \underline{\quad} + \underline{\quad} = \underline{\quad}$$
$$\underline{\quad} + \underline{\quad} + \underline{\quad} = \underline{\quad}$$

$$3 + 2 + 7 = \underline{\quad}$$
$$\underline{\quad} + \underline{\quad} + \underline{\quad} = \underline{\quad}$$
$$\underline{\quad} + \underline{\quad} + \underline{\quad} = \underline{\quad}$$

1–2 Aufgabe und Tauschaufgabe mit Würfeln ausrechnen. 3–4 Aufgaben und Tauschaufgaben mit drei Würfeln ausrechnen.

Ergänzen

1 Immer 10.

7	1
9	4
8	3
6	2

9	1	0
0	2	1
6	5	3
4	7	2

2 Immer 12.

10	6
6	3
11	2
2	10
9	1

10	5	2
5	1	1
4	2	3
6	10	6
2	3	0

3

$8 \; + \underline{} = 10$

$7 \; + \underline{} = 10$

$\underline{} + \underline{} = \underline{}$

$\underline{} + \underline{} = \underline{}$

$\underline{} + \underline{} = \underline{}$

Die erste Zahl wird immer um 1 kleiner.

Die zweite Zahl wird immer um 1 größer.

Das Ergebnis bleibt immer gleich.

1–2 Zur 10 bzw. zur 12 verbinden.   3 Aufgabenrolle passend ergänzen, fortführen und ausrechnen.

Minusaufgaben

1

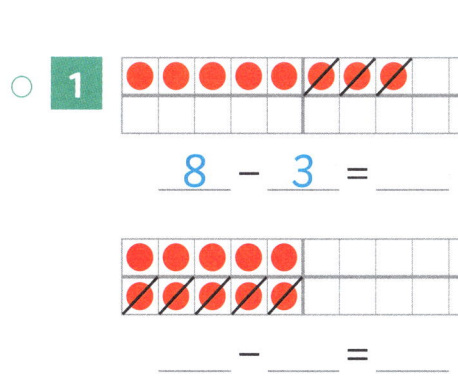

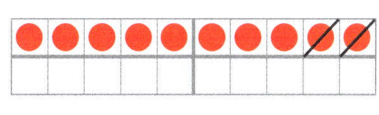

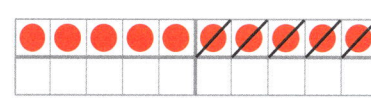

$\underline{8} - \underline{3} = \underline{}$ $\underline{} - \underline{} = \underline{}$ $\underline{} - \underline{} = \underline{}$

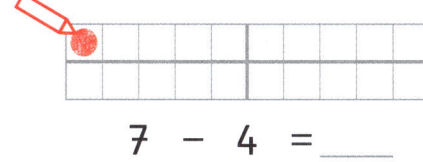

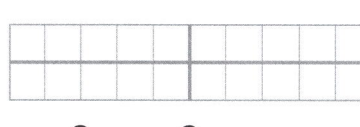

$\underline{} - \underline{} = \underline{}$ $\underline{} - \underline{} = \underline{}$ $\underline{} - \underline{} = \underline{}$

$7 - 4 = \underline{}$ $8 - 3 = \underline{}$ $9 - 9 = \underline{}$

2

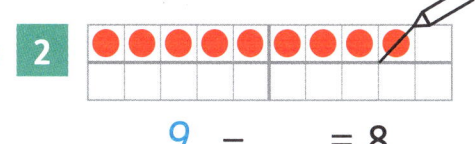

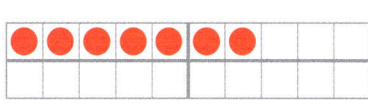

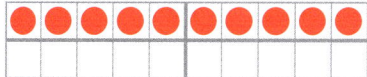

$\underline{9} - \underline{} = 8$ $\underline{} - \underline{} = 6$ $\underline{} - \underline{} = 1$

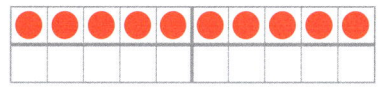

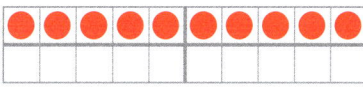

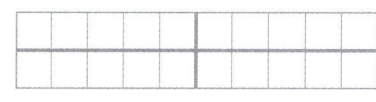

$\underline{} - \underline{} = 4$ $\underline{} - \underline{} = 8$ $\underline{} - \underline{} = 6$

$9 - \underline{} = 6$ $6 - \underline{} = 1$ $5 - \underline{} = 2$

3

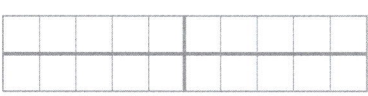

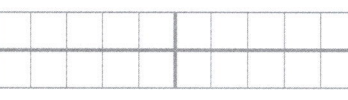

$\underline{} - \underline{} = 5$ $\underline{} - \underline{} = 5$ $\underline{} - \underline{} = 5$

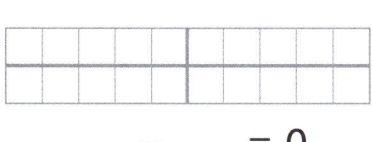

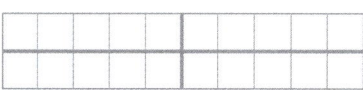

$\underline{} - \underline{} = 1$ $\underline{} - \underline{} = 1$ $\underline{} - \underline{} = 1$

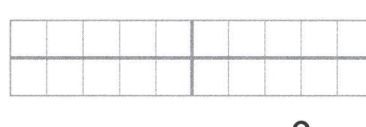

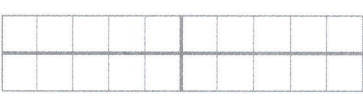

$\underline{} - \underline{} = 0$ $\underline{} - \underline{} = 0$ $\underline{} - \underline{} = 0$

1–2 Subtraktionsaufgaben der Punktedarstellung entnehmen, schreiben und rechnen oder Aufgaben einzeichnen und Lösung eintragen. **3** Aufgaben zu vorgegebenem Ergebnis erfinden, Plättchen einzeichnen und Aufgabe notieren.

17

Minusaufgaben finden

1

___ — ___ = ___   ___ — ___ = ___   ___ — ___ = ___

2

___ — ___ = ___   ___ — ___ = ___   ___ — ___ = ___

___ — ___ = ___   ___ — ___ = ___   ___ — ___ = ___

3

___ — ___ — ___ = ___   ___ — ___ — ___ = ___

1–3 Subtraktionsaufgaben im Bild finden, notieren und rechnen.

Aufgabenrollen

1

10 − 10 = ____
10 − 9 = ____
10 − 8 = ____
10 − 7 = ____
____ − ____ = ____
____ − ____ = ____

Die erste Zahl

Die zweite Zahl

Das Ergebnis

wird immer um 1 kleiner.

wird immer um 1 größer.

bleibt immer gleich.

2

12 − 0 = ____
11 − 1 = ____
10 − 2 = ____
9 − 3 = ____
____ − 4 = ____
____ − 5 = ____

Die erste Zahl

Die zweite Zahl

Das Ergebnis

wird immer um ____ kleiner.

wird immer um ____ kleiner.

wird immer um ____ kleiner.

3

2 − ____ = 1
4 − ____ = 2
6 − ____ = 3
8 − ____ = 4
____ − ____ = ____
____ − ____ = ____

Die erste Zahl wird immer um _____.

Die zweite Zahl wird immer um _____.

Das Ergebnis wird immer um _____.

1–3 Aufgabenrollen bearbeiten: Rechnen, entdecken, fortführen. Passende Satzteile miteinander verbinden und ergänzen.

Plus am Zahlenstrahl

1

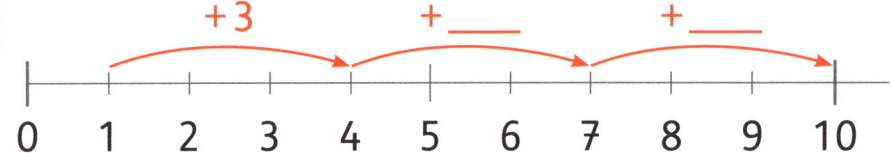

$1 + 3 = \underline{4}$

$\underline{4} + \underline{} = \underline{}$

$\underline{} + \underline{} = \underline{}$

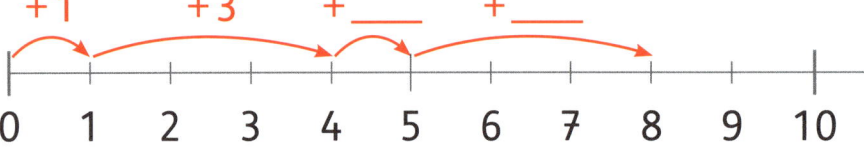

$2 + 4 = \underline{}$

$\underline{} + 4 = \underline{}$

2

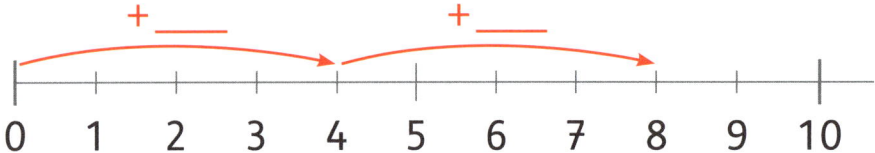

$\underline{0} + 1 = \underline{}$

$\underline{} + 3 = \underline{}$

$\underline{} + 1 = \underline{}$

$\underline{} + 3 = \underline{}$

$\underline{} + 4 = \underline{}$

$\underline{} + 4 = \underline{}$

3

$\underline{1} + 3 = \underline{}$

$\underline{} + 2 = \underline{}$

$\underline{} + 3 = \underline{}$

$\underline{} + 2 = \underline{}$

$\underline{} + 5 = \underline{}$

$\underline{} + 5 = \underline{}$

1–3 Additionsaufgaben am Zahlenstrahl lösen. Regelmäßigkeiten erkennen und fortsetzen.

Minus am Zahlenstrahl

1

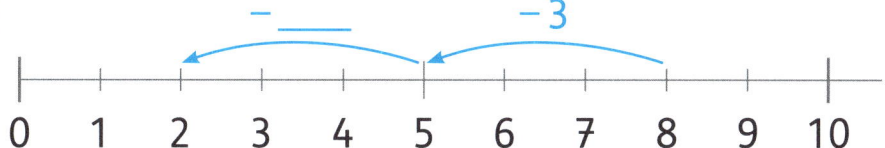

$8 - 3 = \underline{5}$

$\underline{5} - \underline{} = \underline{}$

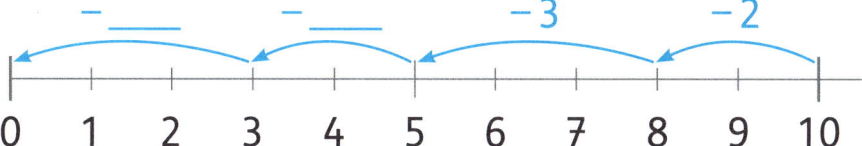

$10 - 4 = \underline{}$

$\underline{} - 4 = \underline{}$

2

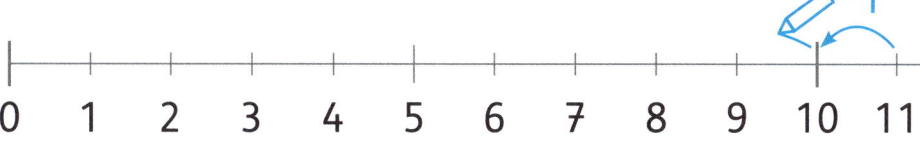

$\underline{10} - 2 = \underline{}$

$\underline{} - 3 = \underline{}$

$\underline{} - 2 = \underline{}$

$\underline{} - 3 = \underline{}$

$\underline{} - 5 = \underline{}$

$\underline{} - 5 = \underline{}$

3

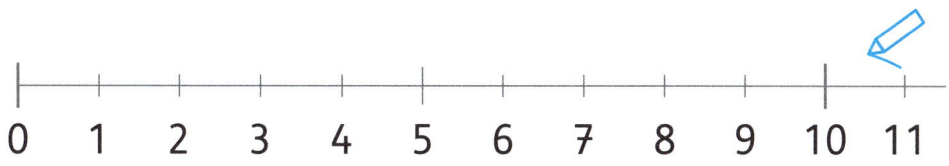

$\underline{} - 1 = \underline{}$

$\underline{} - 3 = \underline{}$

$\underline{} - 1 = \underline{}$

$\underline{} - 3 = \underline{}$

$\underline{} - 1 = \underline{}$

$\underline{} - 4 = \underline{}$

$\underline{} - 4 = \underline{}$

1–3 Subtraktionsaufgaben am Zahlenstrahl lösen. Regelmäßigkeiten erkennen und fortsetzen.

Zahlenmauern

1

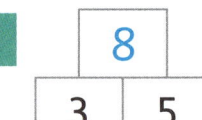 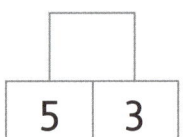   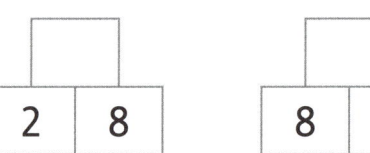

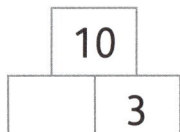   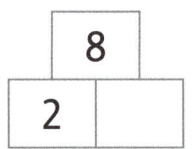 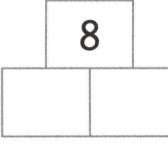

2

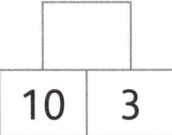 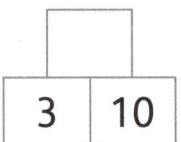   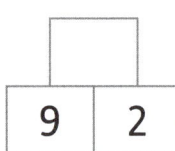 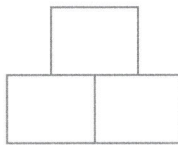

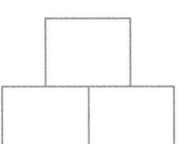   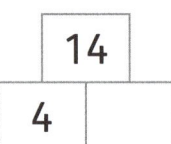 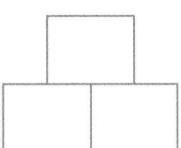

3 Setze das Muster fort.

 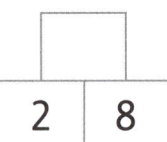 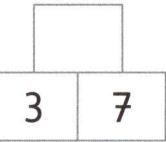 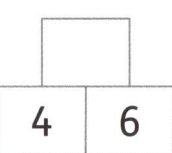 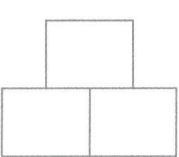

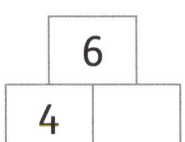 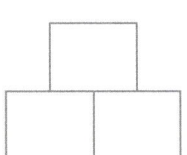

4

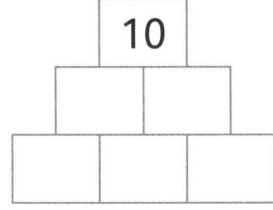 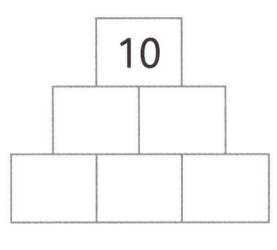 

1–2 Fehlende Zahlen auf den Steinen eintragen. **3** Fehlende Zahlen auf den Steinen eintragen. Muster der Rechenmauern in einer Zeile erkennnen und fortführen. **4** Fehlende Zahlen auf den Steinen eintragen. Es gibt verschiedene Lösungen.

Zahlen bis 20 bündeln

1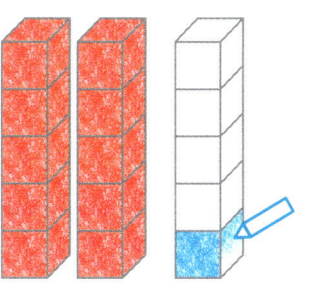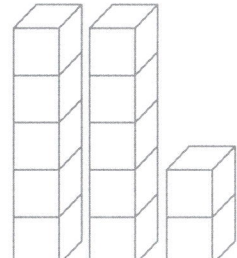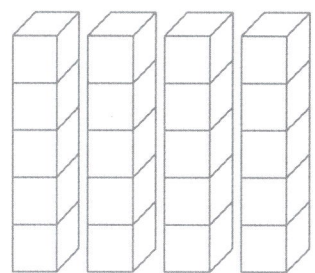

Zehner	Einer
1	

Z	E

Z	E

2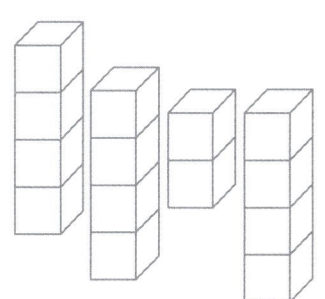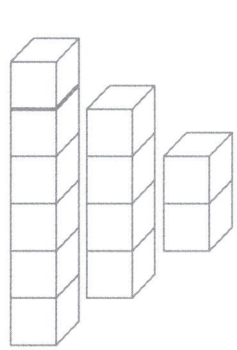

Z	E

Z	E

Z	E

3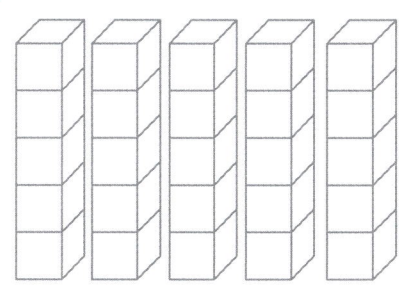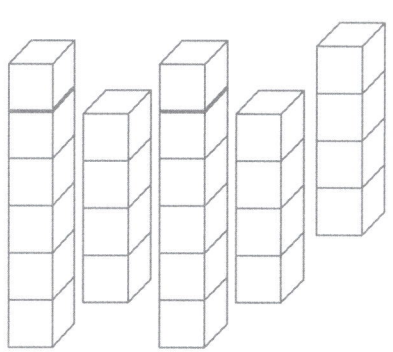

Z	E

Z	E

Z	E

1–2 Würfel bündeln. Zehner jeweils blau färben. Zerlegung notieren.

Zehner und Einer

1 Zerlege die Zahlen.

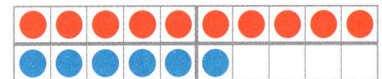

$\underline{16} = \underline{10} + \underline{}$

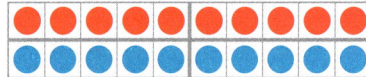

$\underline{} = \underline{} + \underline{}$

$\underline{} = \underline{} + \underline{}$

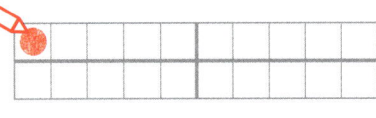

$17 = \underline{} + \underline{}$

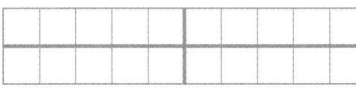

$15 = \underline{} + \underline{}$

$\underline{} = \underline{} + \underline{}$

2 Zerlege die Zahlen und zeichne.

12

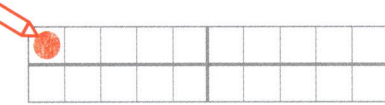

$12 = 10 + \underline{}$

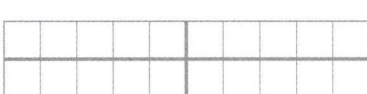

$12 = 6 + \underline{}$

14

$14 = 10 + \underline{}$

$14 = 7 + \underline{}$

11

$11 = 10 + \underline{}$

$11 = 5 + \underline{}$

18

$18 = 10 + \underline{}$

$18 = 9 + \underline{}$

3

$15 = \underline{} + 5$

$17 = 10 + \underline{}$

$12 = \underline{} + 2$

$20 = \underline{} + 10$

$10 + \underline{} = 13$

$\underline{} + 6 = 16$

$10 + \underline{} = 20$

$\underline{} + 1 = 11$

$10 + \underline{} = \underline{}$

$10 + \underline{} = \underline{}$

$10 + \underline{} = \underline{}$

$10 + \underline{} = \underline{}$

1–2 Zahlzerlegungen vervollständigen. 3 Zahlen zerlegen und Ergänzungsaufgaben lösen.

Anzahlen bis 20

1

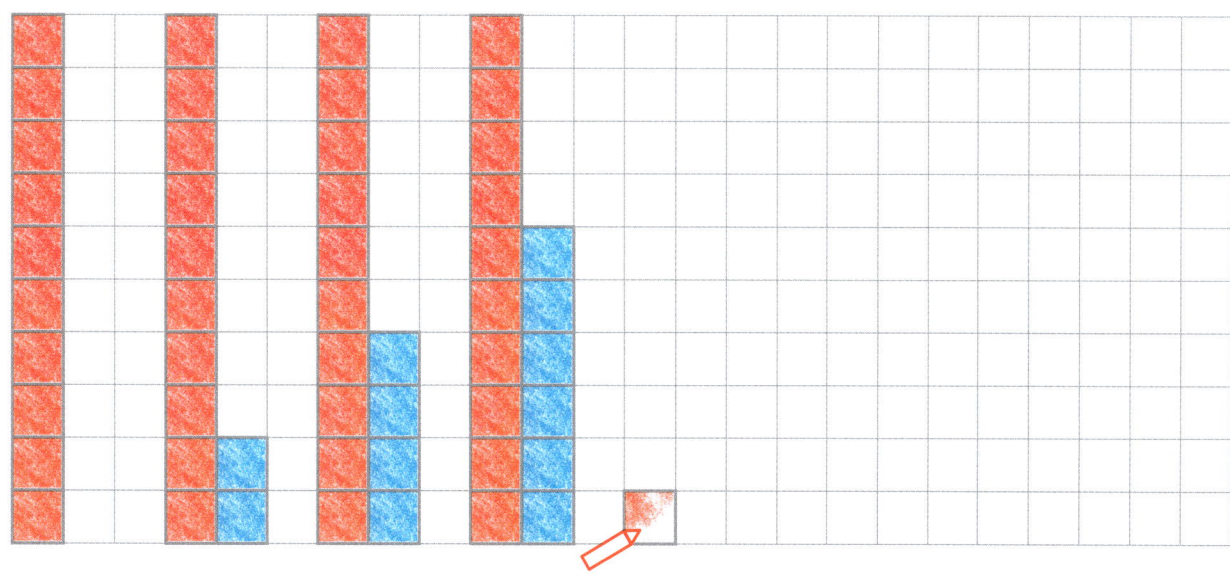

_____   _____   _____   _____   _____   _____   _____

2 Setze fort.

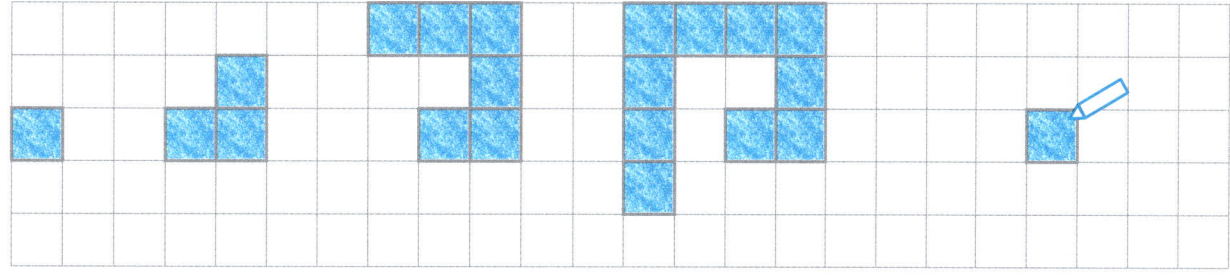

_____   _____   _____   _____

3

18

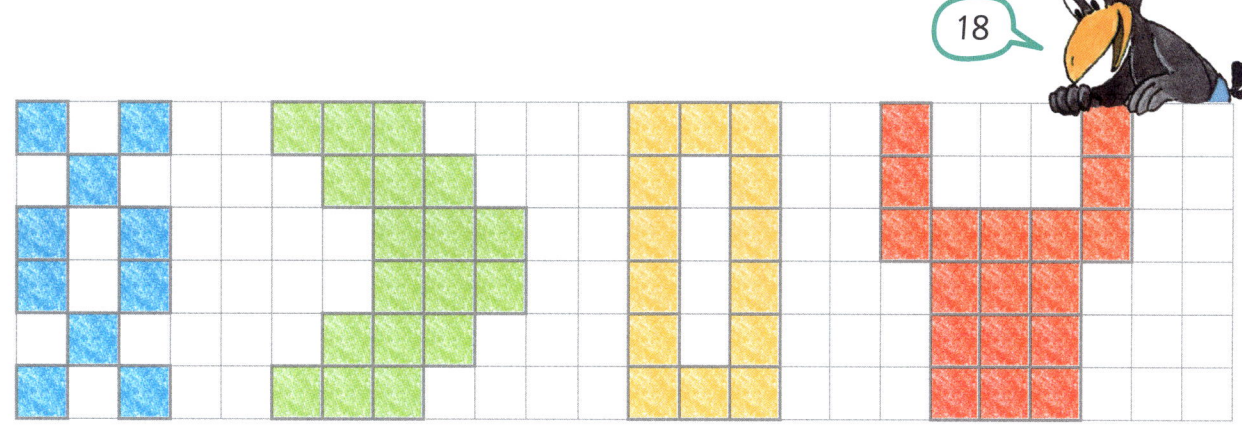

_____   _____   _____   _____

1–2 Folgen der Figuren fortsetzen. Anzahl der Kästchen pro Figur bestimmen.   **3** Anzahl der Kästchen pro Figur bestimmen.

Zahlen zerlegen

1 Immer 4 gehören zusammen. Verbinde.

| zwölf |  | 0 + 6 | | Z \| E | 6 |

zwölf	0 + 6	Z | E 1 | 6	_6_
sechs	10 + 6	Z | E 0 | 6	_12_
sechzehn	10 + 2	Z | E 1 | 2	_16_

2 Immer 3 gehören zusammen. Verbinde.

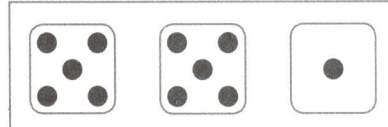 

10 + 1

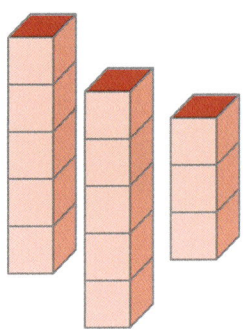

10 + 3

10 + 5

Ordnungszahlen

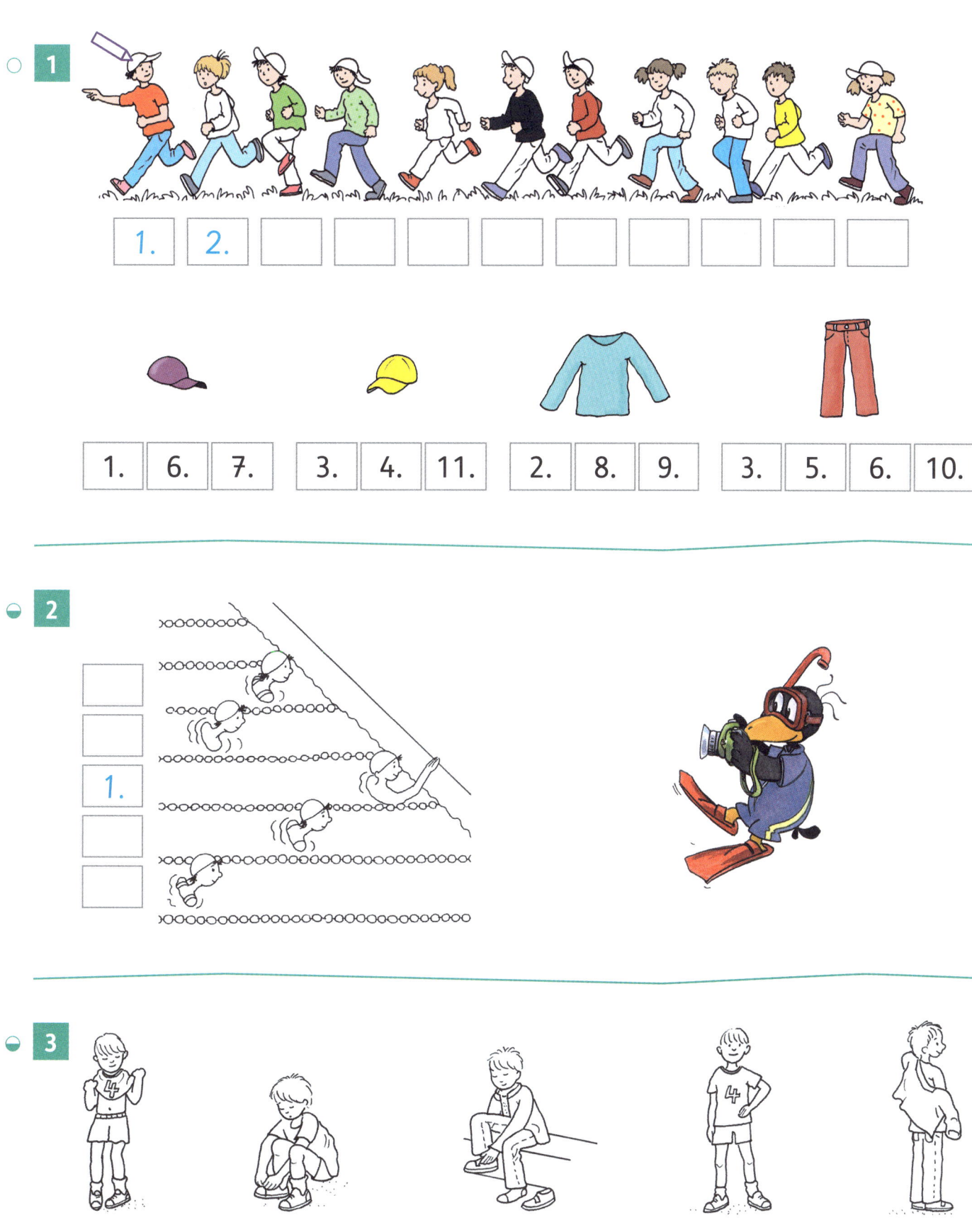

1 Ordnungszahlen eintragen und Kleidungsstücke in der richtigen Farbe ausmalen. **2** Situation genau betrachten. Ordnungszahlen für Wettkampfplätze eintragen. **3** Reihenfolge der Bilder erkennen und ausmalen.

Zahlen ordnen

1

2

3

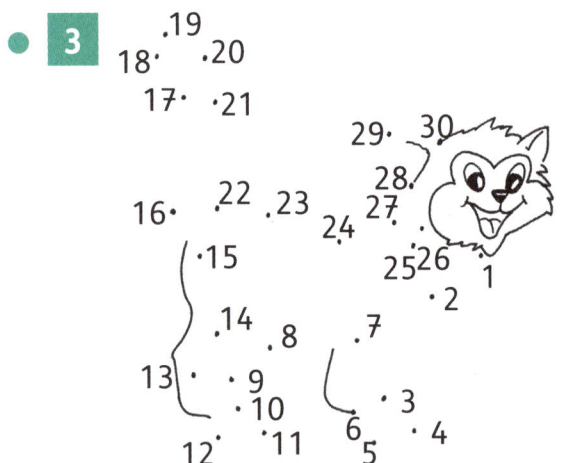
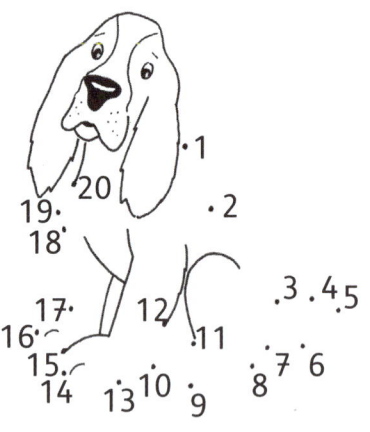

1–2 Zahlenreihe von 1 bis 20 und Ausschnitte aus der Zahlenreihe vervollständigen. **3** Die Zahlen jeweils der Reihe nach verbinden.

Zahlen bis 20

1

1	2				7		10
	12		16				

Welche Ausschnitte passen nicht? Streiche durch.

1	2

11	12

3	13	14
	15	

2
12

15
16

10
20

8	9
	10	11

		10
18	19	20

2

3

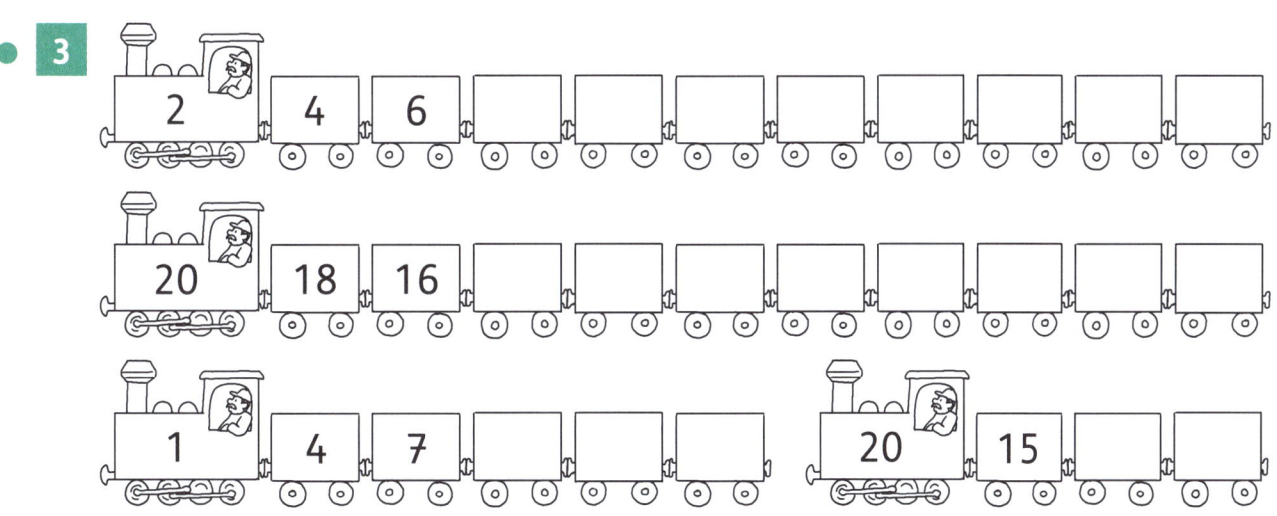

1 Zahlen von 1 bis 20 in die Zwanzigertafel eintragen und Ausschnitte prüfen. **2** Zahlenreihen vervollständigen.
3 Muster der Zahlenfolgen erkennen und fortführen.

29

Zahlen vergleichen

1 Ordne nach der Größe. Die kleinste Zahl zuerst.

| 18 | 3 | 15 | 13 | 5 | 8 |

___3___ ___5___ _____ _____ _____ _____

| 11 | 17 | 1 | 4 | 14 | 7 |

_____ _____ _____ _____ _____ _____

| 12 | 10 | 15 | 18 | 13 | 19 |

_____ _____ _____ _____ _____ _____

| 16 | 19 | 12 | 20 | 17 | 21 |

_____ _____ _____ _____ _____ _____

2 Welche Zahlen passen? Setze ein.

| 7 | 21 | ~~17~~ |

$17 = $ ___17___
$17 > $ _____
$17 < $ _____

| 10 | 24 | 20 |

$20 = $ _____
$20 > $ _____
$20 < $ _____

| 22 | 29 | 20 |

$22 = $ _____
$22 > $ _____
$22 < $ _____

| 19 | 15 | 11 |

$10 < $ ___11___ und ___11___ < 13
$17 < $ _____ und _____ < 20
$13 < $ _____ und _____ < 17

| 17 | 21 | 14 |

$19 < $ _____ und _____ < 23
$15 < $ _____ und _____ < 19
$11 < $ _____ und _____ < 15

3

19 ○ 18	14 ○ 10 + 6	18 ○ 10 + 10
19 ○ 19	15 ○ 10 + 6	18 ○ 10 + 9
19 ○ 20	16 ○ 10 + 6	18 ○ 10 + 8
19 ○ 21	17 ○ 10 + 6	18 ○ 10 + 7

1 Zahlen der Größe nach ordnen.   2 Zahlen passend einsetzen.   3 Relationszeichen passend einsetzen.

Zahlenhäuser

8

0 + ___
2 + ___
4 + ___
6 + ___
___ + ___

9

0 + ___
3 + ___
6 + ___
___ + ___

7

6 + ___
___ + 6
5 + ___
___ + 5
___ + ___

6

1 + ___
___ + 1
2 + ___
___ + 2
___ + ___

2

10

10 + ___
___ + ___
___ + ___
___ + ___
___ + ___
___ + ___
___ + ___
___ + ___
___ + ___
___ + ___
___ + ___

12

0 + ___
1 + ___
2 + ___
___ + ___
___ + ___
___ + ___
___ + ___
___ + ___
___ + ___
___ + ___
___ + ___
___ + ___

14

___ + ___
___ + ___
___ + ___
___ + ___
___ + ___
___ + ___
___ + ___
___ + ___
___ + ___
___ + ___
___ + ___
___ + ___
___ + ___
___ + ___
___ + ___

11

___ + ___
___ + ___
___ + ___
___ + ___
___ + ___
___ + ___
___ + ___
___ + ___
___ + ___
___ + ___
___ + ___
___ + ___

1 Zahlzerlegungen notieren. Muster fortsetzen. **2** Zahlzerlegungen notieren.

Zahlenhäuser

1

17
15 + ____
10 + ____
5 + ____
0 + ____

15
15 + ____
10 + ____
5 + ____
0 + ____

19
____ + 4
____ + 9
____ + 14
____ + 19

20
____ + 5
10 + ____
____ + 15
20 + ____

2

16
____ + 2 + 4
____ + 5 + 1
____ + 3 + ____
____ + ____ + 6
____ + 7 + ____
____ + ____ + 8

18
4 + 6 + ____
3 + ____ + 8
9 + ____ + ____
2 + ____ + ____
8 + ____ + ____
____ + 6 + ____

15
8 + ____ + 5
6 + ____ + 5
3 + ____ + ____
1 + ____ + ____
4 + ____ + ____
____ + 3 + ____

3

10
3 + 2 + ____
____ + ____ + ____
____ + ____ + ____
____ + ____ + ____
____ + ____ + ____
____ + ____ + ____

12
6 + ____ + ____
____ + ____ + ____
____ + ____ + ____
____ + ____ + ____
____ + ____ + ____
____ + ____ + ____

13
____ + ____ + ____
____ + ____ + ____
____ + ____ + ____
____ + ____ + ____
____ + ____ + ____
____ + ____ + ____

1–3 Zerlegungen in Zahlenhäusern notieren.

Aufgabenrollen

1

10 + ____ = 12
10 + ____ = 14
10 + ____ = 16
____ + ____ = ____
____ + ____ = ____

Die erste Zahl

Die zweite Zahl

Das Ergebnis

wird immer um 2 größer.

bleibt immer gleich.

wird immer um 2 größer.

2

16 + ____ = 17
13 + ____ = 17
10 + ____ = 17
____ + ____ = ____
____ + ____ = ____

Die erste Zahl

Die zweite Zahl

Das Ergebnis

bleibt immer gleich.

wird immer um ____ kleiner.

wird immer um ____ größer.

3

7 + ____ = 8
9 + ____ = 11
11 + ____ = 14
____ + ____ = ____
____ + ____ = ____

Die erste Zahl wird immer um _____.

Die zweite Zahl wird immer um _____.

Das Ergebnis wird immer um _____.

1–3 Aufgabenrollen passend ergänzen, fortführen und ausrechnen.

Rechengeschichten: Plusaufgaben

1

Anna hat 5 Hasen.
Mia hat 7 Hasen.

Zusammen haben
sie ____ Hasen.

Paul hat 9 Dinos.
Peter hat 5 Dinos.

Zusammen haben
sie ____ Dinos.

Lasse hat 5 Hunde.
Cara hat 7 Hunde.
Luca hat 3 Hunde.

Zusammen haben
sie ____ Hunde.

Lena hat 6 Pferde.
David hat 6 Pferde.
Jule hat 4 Pferde.

Zusammen haben
sie ____ Pferde.

2 Male oder schreibe eine Rechengeschichte zu diesen Aufgaben.

$9 + 5 =$ ____

$7 + 6 =$ ____

3 Male oder schreibe eine Rechengeschichte zu dieser Aufgabe.

$8 + 8 + 4 =$ ____

1 Zu den Texten Additionsaufgaben lösen.   2–3 Zu den Aufgaben eine Situation malen oder beschreiben.

Rechengeschichten: Minusaufgaben

1 Oma hat 9 Murmeln mitgebracht.
Jetzt hat Anne 18 Murmeln.
Vorher hatte Anne
_____ Murmeln.

Linus ist 11 Jahre alt.
Er ist 5 Jahre älter als Enjo.

Enjo ist
_____ Jahre alt.

Opa gibt Paul 3 Murmeln.
Oma schenkt ihm 5 Murmeln.
Jetzt hat Paul 15 Murmeln.

Vorher hatte Paul
_____ Murmeln.

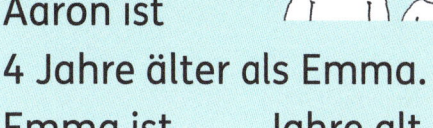

Milla ist 13 Jahre alt.
Sie ist 3 Jahre
älter als Aaron.
Aaron ist
4 Jahre älter als Emma.
Emma ist _____ Jahre alt.

2 Male oder schreibe Rechengeschichten.

$12 - 6 = \_\_\_\_$

$20 - 5 = \_\_\_\_$

3

$10 - 5 - 5 = \_\_\_\_$

1 Zu den Texten Aufgaben lösen. **2–3** Zu den Aufgaben eine Situation malen oder beschreiben.

Plusaufgaben

1

13 + 4 = ____   18 + 2 = ____   14 + 5 = ____

14 + 3 = ____   12 + 8 = ____   15 + 4 = ____

16 + 3 = ____   11 + 7 = ____   15 + 1 = ____

____ + ____ =   ____ + ____ =   ____ + ____ =

2

20 + 4 = ____   18 + 3 = ____   19 + 2 = ____

____ + ____ =   ____ + ____ =   ____ + ____ =

18 + 4 = ____   19 + 3 = ____   21 + 2 = ____

____ + ____ =   ____ + ____ =   ____ + ____ =

3

19 + 2 = ____	10 + 1 = ____	10 + 5 + 5 = ____
17 + 3 = ____	20 + 1 = ____	11 + 4 + 4 = ____
15 + 4 = ____	10 + 2 = ____	12 + 3 + 3 = ____
13 + 5 = ____	20 + 2 = ____	13 + 2 + 2 = ____

4

13 + ____ = 15	10 + ____ = 20	____ + ____ = 20
____ + ____ = 16	____ + ____ = 18	____ + ____ = 20
____ + ____ = 17	____ + ____ = 16	____ + ____ = 20
____ + ____ = 18	____ + ____ = 14	____ + ____ = 20

1–2 Die Ergebnisse der Aufgabenpaare sind gleich, weil nur die Einer vertauscht sind.   **3** Muster entdecken und fortführen.
4 Muster zu den vorgegebenen Ergebniszahlen erfinden.

Minusaufgaben

1 19 − 4 = _____   18 − 2 = _____   15 − 3 = _____

_____ + 4 = 19   _____ + 2 = _____   _____ + 3 = _____

16 − 3 = _____   14 − 1 = _____   17 − 5 = _____

_____ + _____ = _____   _____ + _____ = _____   _____ + _____ = _____

2 17 − 14 = _____   18 − 13 = _____   20 − 12 = _____

_____ + 14 = 17   _____ + _____ = _____   _____ + _____ = _____

19 − 11 = _____   16 − 15 = _____   13 − 11 = _____

_____ + _____ = _____   _____ + _____ = _____   _____ + _____ = _____

3

19 − 9 = _____	10 − 0 = _____	10 − 1 − 2 = _____
19 − 8 = _____	12 − 1 = _____	10 − 2 − 2 = _____
19 − 7 = _____	14 − 2 = _____	10 − 3 − 2 = _____
19 − 6 = _____	16 − 3 = _____	10 − 4 − 2 = _____

4

18 − _____ = 13	20 − _____ = 19	_____ − _____ = 10
_____ − _____ = 14	_____ − _____ = 17	_____ − _____ = 10
_____ − _____ = 15	_____ − _____ = 15	_____ − _____ = 10
_____ − _____ = 16	_____ − _____ = 13	_____ − _____ = 10

1–2 Umkehraufgaben schreiben. 3 Muster entdecken und fortführen. 4 Muster zu den vorgegebenen Ergebniszahlen erfinden.

Zahlenmauern

1 Setze das Muster fort.

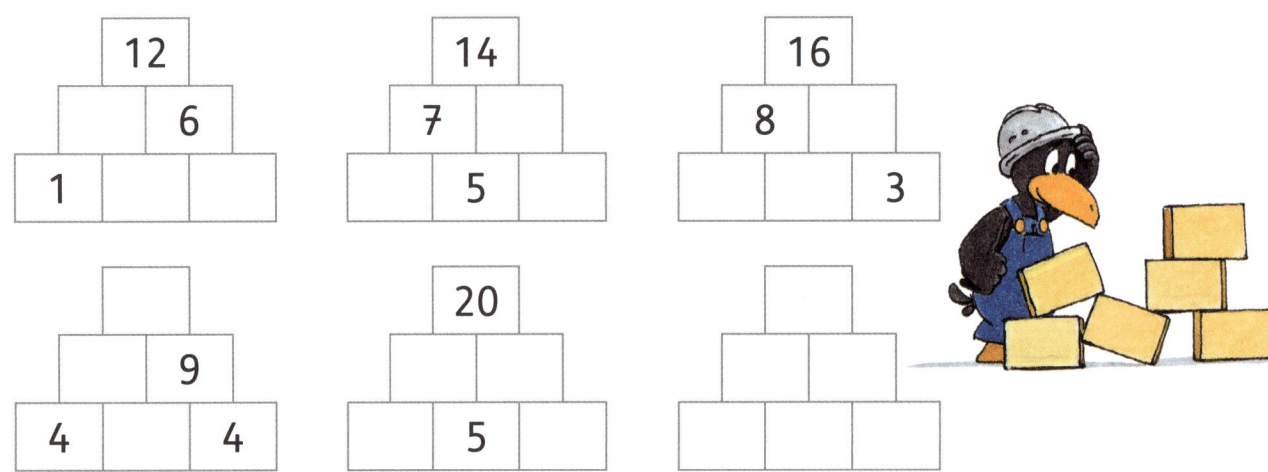

2

3 Erfinde ein eigenes Muster.

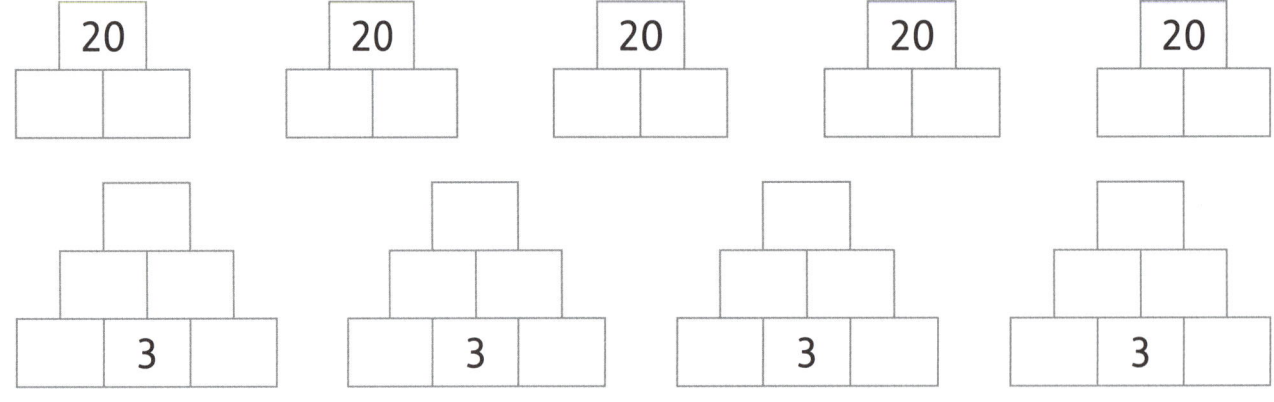

1–2 Muster der Zahlenmauerfolge erkennen und fortführen. **3** Eigenes Muster mit der vorgegebenen Bedingung erfinden und fortführen.

1

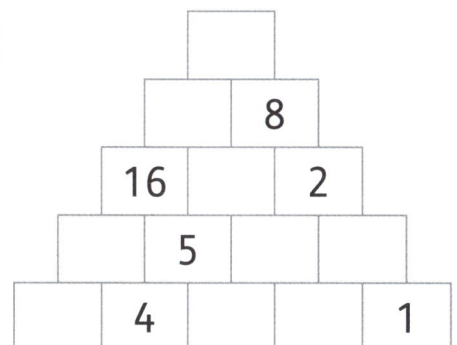

Wo fange ich an?

2 Finde immer 4 Lösungen.

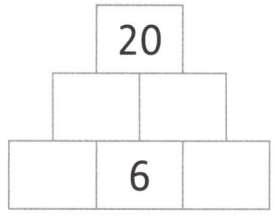 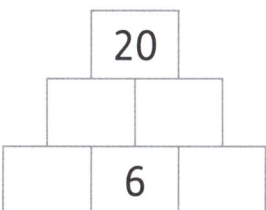 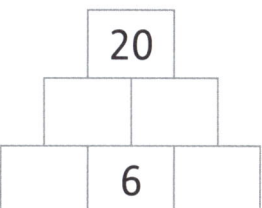 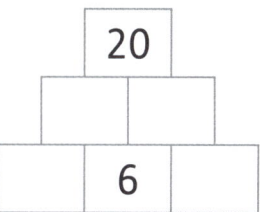

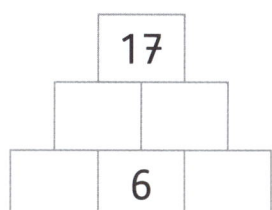 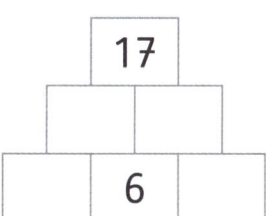 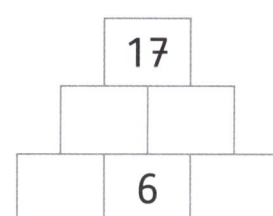 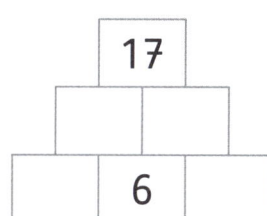

3 Setze zu Rechenmauern zusammen. Ein Stein fehlt.

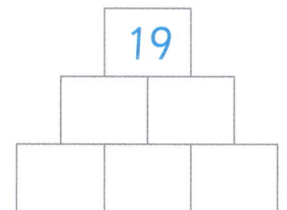 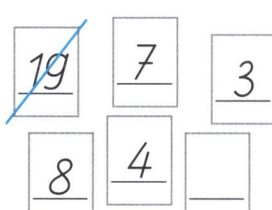 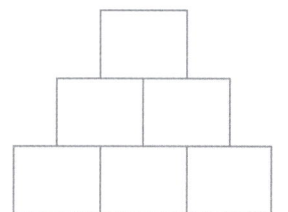 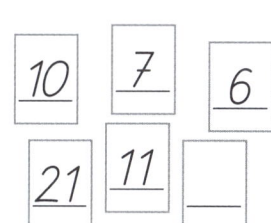

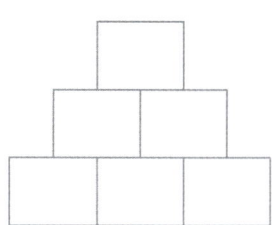 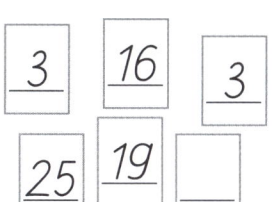 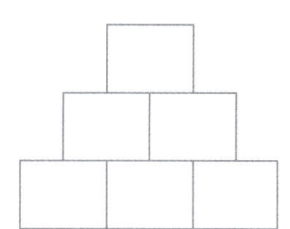 

1 Rechenmauer genau betrachten und überlegen, in welcher Reihenfolge sie gut gelöst werden kann. **2** Es sollen jeweils drei Lösungen notiert werden. **3** Mit Zahlenkarten arbeiten.

1 + 1 Tafel

1 Finde alle Nachbaraufgaben.

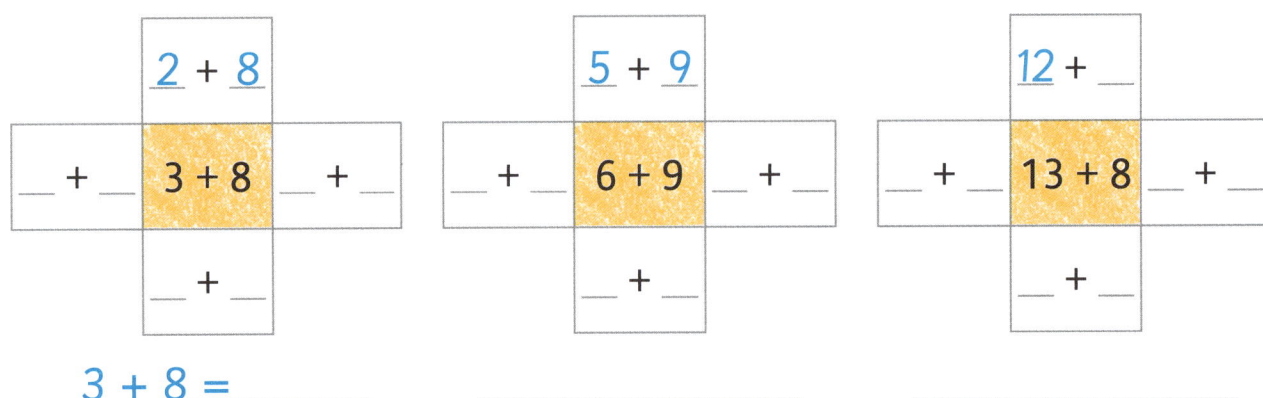

```
        2 + 8                    5 + 9                   12 + __
 __ +__  3 + 8  __ +__   __ +__  6 + 9  __ +__   __ +__  13 + 8  __ +__
        __ + __                  __ + __                 __ + __
```

_3 + 8 = _____   _____   _____

2 Male richtig aus.

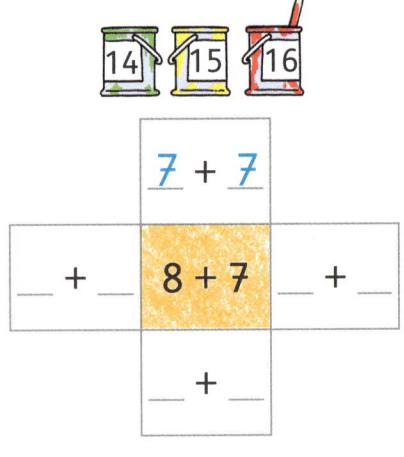
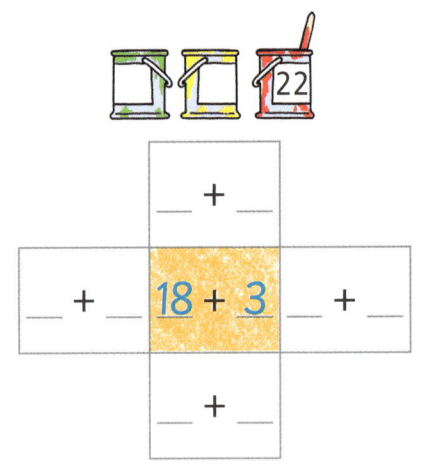
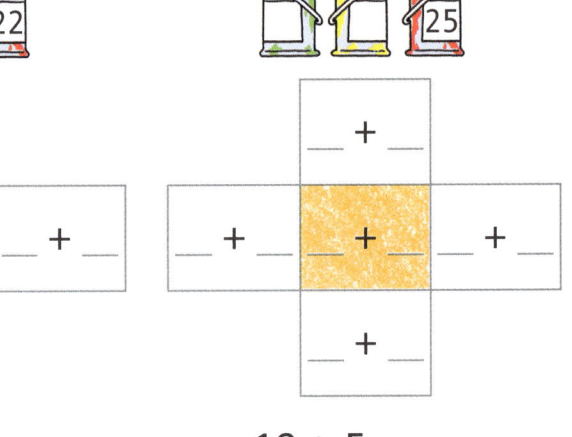

```
        7 + 7                      __ + __                  __ + __
 __ +__  8 + 7  __ +__    __ +__  18 + 3  __ +__   __ +__  __ + __  __ +__
        __ + __                   __ + __                  __ + __
```

_____   18 + 3 = ____   19 + 5 = ____

3

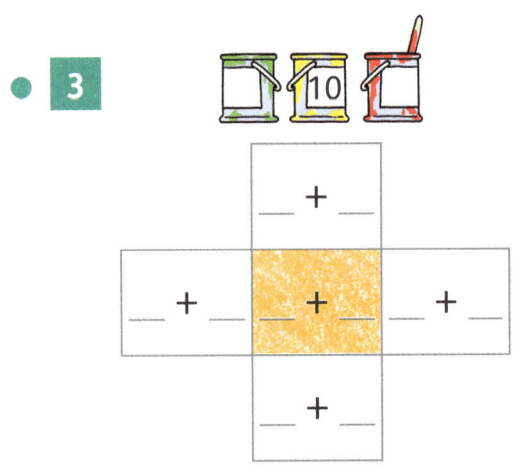
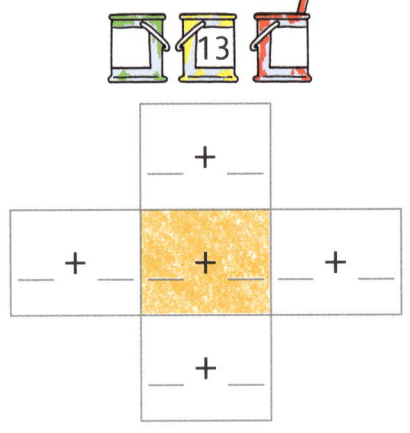
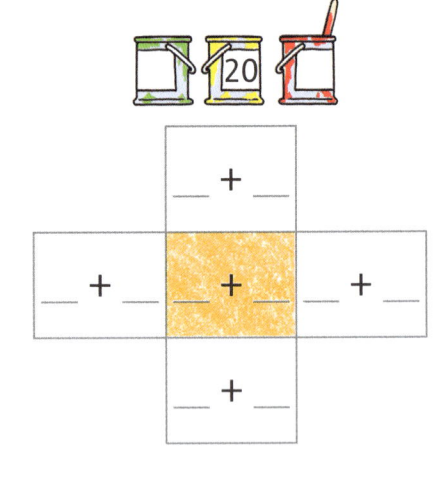

```
        __ + __                   __ + __                  __ + __
 __ +__  __ + __  __ +__   __ +__  __ + __  __ +__  __ +__  __ + __  __ +__
        __ + __                   __ + __                  __ + __
```

_____   _____   _____

1 Nachbaraufgaben finden und notieren. Aufgabe mithilfe einer Nachbaraufgabe lösen und notieren. **2** Nachbaraufgaben finden und notieren. Felder mit dem gleichen Ergebnis mit derselben Farbe anmalen. **3** Aufgaben zu den vorgegebenen Ergebnissen finden und notieren.

Zauberquadrate

1 Löse die Zauberquadrate. Jede Zahl darf nur einmal vorkommen.

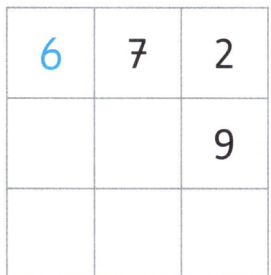

6	7	2
		9

Zauberzahl 15

8	1	
		2

Zauberzahl 15

1		
6		2

Zauberzahl 15

7	2	
3		

Zauberzahl 18

	8	3
		10

Zauberzahl 18

3		
		2
		9

Zauberzahl 18

6		
		9
		8

Zauberzahl 21

11	7	
		10

Zauberzahl 21

	9	4
		11

Zauberzahl 21

2 Löse durch Probieren.

4		
	5	
		6

Zauberzahl 15

9		
	6	
		3

Zauberzahl 18

		10
	7	
4		

Zauberzahl 21

Für Zauberquadrate gilt: Die Summe – die sogenannte Zauberzahl – der Zahlen in jeder Zeile, Spalte und Diagonale ist gleich.
1–2 Zauberquadrate durch Probieren mithilfe von Zahlenkarten lösen.

Zauberquadrate

1 Fehlersuche: Welche Zahl stimmt hier nicht? Kreise ein und korrigiere.

8	3	4
1	5	9
6	7	0

Zauberzahl 15

3	10	5
8	6	4
7	1	9

Zauberzahl 18

10	3	8
5	7	9
6	12	4

Zauberzahl 21

Zauberzahl 15

Zauberzahl 18

Zauberzahl 21

2 Löse die Zauberquadrate. Vergleiche die Zahlen. Erfinde ein Quadrat.

		4
		3
6		

Zauberzahl 15

	3	8
2		

Zauberzahl 15

Wo steht die 1?
Wo steht die 5?

		7
	9	2

Zauberzahl 15

Zauberzahl 15

2 Die Position der Zahl 5 in den Zauberquadraten vergleichen. Die Position der Zahl 1, 2, 3 etc. in den Zauberquadraten untersuchen und Muster erkennen. Mithilfe des Musters eigenes Zauberquadrat notieren.

Aufgabenrollen

1

10 − _____ = 10
10 − _____ = 8
10 − _____ = 6
_____ − _____ = _____
_____ − _____ = _____

Die erste Zahl

wird immer um 2 kleiner.

Die zweite Zahl

bleibt immer gleich.

Das Ergebnis

wird immer um 2 größer.

2

7 − _____ = 2
10 − _____ = 5
13 − _____ = 8
_____ − _____ = _____
_____ − _____ = _____

Die erste Zahl

bleibt immer gleich.

Die zweite Zahl

wird immer um _____ größer.

Das Ergebnis

wird immer um _____ größer.

3

20 − _____ = 19
18 − _____ = 16
16 − _____ = 13
_____ − _____ = _____
_____ − _____ = _____

Die erste Zahl wird immer um _____.

Die zweite Zahl wird immer um _____.

Das Ergebnis wird immer um _____.

1–3 Aufgabenrollen passend ergänzen, fortführen und ausrechnen.

Zahlenmauern

1 Wie geht es weiter?

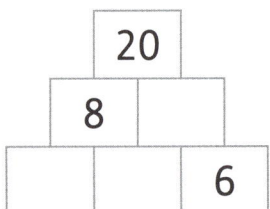

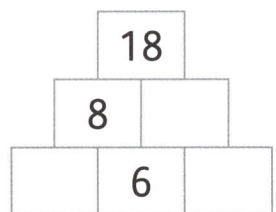

Ich weiß, wie es weitergeht.

Was beobachtest du?

Der linke Eckstein	Der rechte Eckstein	Der Deckstein

wird immer um 2 kleiner.	wird immer um 2 kleiner.	bleibt immer gleich.

---

2 Setze fort.

1	Der Deckstein bleibt immer gleich.	Der linke Eckstein wird immer um 1 größer.	Der Mittelstein wird immer um 2 kleiner.

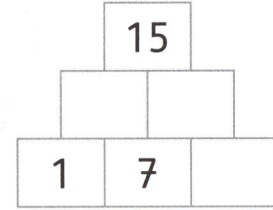

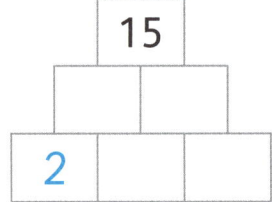

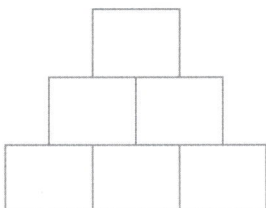

2 Ergänze.

Der rechte Eckstein wird immer um _____.

1 Fehlende Zahlen ergänzen. Satzbausteine passend verbinden. 2 Fehlende Zahlen nach den Vorgaben ergänzen.

Minus: Vorteilhaft rechnen

1 Rechne geschickt.

$16 - 9 =$ _____ $14 - 8 =$ _____ $21 - 9 =$ _____

$16 - 10 + 1 =$ _____ $14 - 10 + 2 =$ _____ $21 - 10 + 1 =$ _____

$17 - 9 =$ _____ $12 - 8 =$ _____ $22 - 8 =$ _____

_____   _____   _____

_____ $- 9 =$ _____   _____ $- 8 =$ _____   _____

_____   _____   _____

2 Finde alle Nachbaraufgaben. Male richtig aus.

$6 - 4$

$7 - 3$ $7 - 4$ $-$

$-$

$7 - 4 =$ _____

$15 - 9$

$-$ $16 - 9$ $-$

$-$

_____

$-$

$-$ $16 - 15$ $-$

$-$

_____

3

5

$-$

$-$ $-$ $-$

$-$

_____

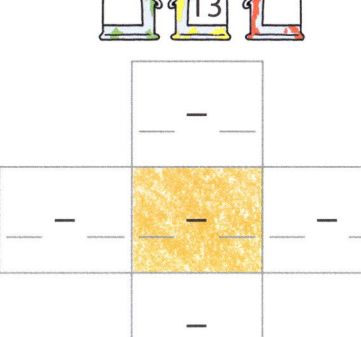
13

$-$

$-$ $-$ $-$

$-$

_____

10

$-$

$-$ $-$ $-$

$-$

_____

1 Rechenvorteil beim Rechnen mit 8 und 9 erkennen und nutzen. **2** Nachbaraufgaben finden und notieren. Felder mit dem gleichen Ergebnis mit derselben Farbe anmalen. **3** Aufgaben zu den vorgegebenen Ergebnissen finden und notieren.

45

Rechenfehler finden

1 Finde Rechenfehler.

$2 + 7 = \cancel{8}$ f

$7 + 2 = 9$

$6 + 11 = 17$ ☐

$5 + 15 = 10$ ☐

$9 + 10 = 19$ ☐

$4 + 10 = 14$ ☐

$5 + 7 = 17$ ☐

$3 + 12 = 16$ ☐

$7 + 13 = 19$ ☐

$5 + 14 = 19$ ☐

$7 + 13 = 20$ ☐

$8 + 12 = 10$ ☐

$6 + 15 = 21$ ☐

2 Finde Rechenfehler.

$9 - 2 = 7$ ☐

$7 + 2 = 9$

$10 - 6 = 3$ ☐

$8 - 3 = 5$ ☐

$19 - 10 = 10$ ☐

$17 - 6 = 11$ ☐

$20 - 7 = 3$ ☐

$12 - 3 = 8$ ☐

$17 - 13 = 4$ ☐

$18 - 14 = 14$ ☐

$20 - 8 = 18$ ☐

$15 - 5 = 0$ ☐

$16 - 11 = 6$ ☐

1 Aufgaben mithilfe der Tauschaufgabe kontrollieren. Richtige Ergebnisse bestätigen oder Ergebnisse korrigieren.
2 Aufgaben mithilfe der Umkehraufgabe kontrollieren. Richtige Ergebnisse bestätigen oder Ergebnisse korrigieren.

Aufgabenfamilien

1 Immer 3 Zahlen bilden eine Aufgabenfamilie.

5̸	6
13	7
19	14

5 + ____ = ____
____ + ____ = ____
____ − ____ = ____
____ − ____ = ____

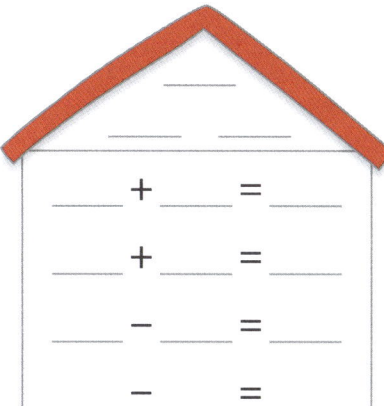

____ + ____ = ____
____ + ____ = ____
____ − ____ = ____
____ − ____ = ____

---

2 Schreibe zwei Aufgabenfamilien.

6	8
14	15
21	22

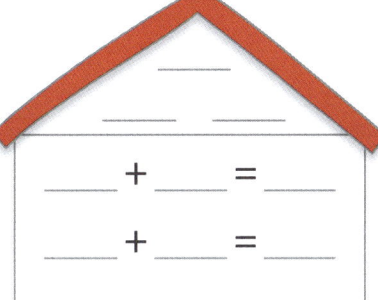

____ + ____ = ____
____ + ____ = ____
____ − ____ = ____
____ − ____ = ____

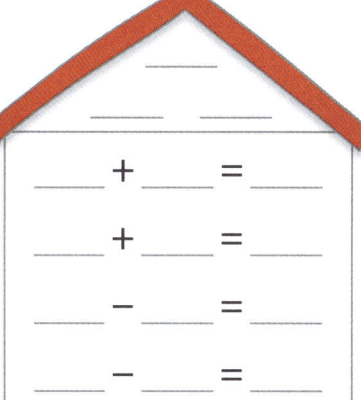

____ + ____ = ____
____ + ____ = ____
____ − ____ = ____
____ − ____ = ____

---

3 Schreibe zwei Aufgabenfamilien. 2 Zahlen bleiben übrig.

3	7
8	9
15	16
21	12

____ + ____ = ____
____ + ____ = ____
____ − ____ = ____
____ − ____ = ____

____ + ____ = ____
____ + ____ = ____
____ − ____ = ____
____ − ____ = ____

1–3 Aus jeweils drei Zahlen, die im Dach notiert werden, lassen sich vier Aufgaben bilden.

Verdoppeln

1 Wie geht es weiter?

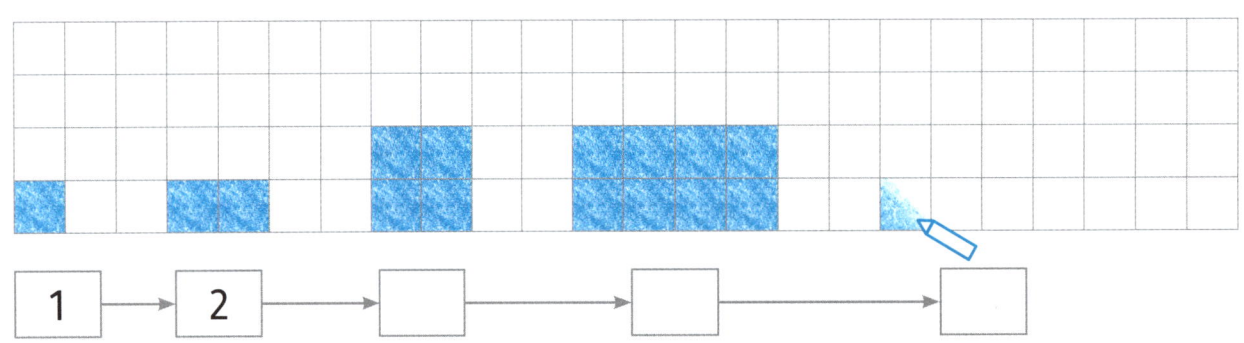

```
1  →  2  →  □  →  □  →  □
```

2 Löse die Aufgabe. Was gehört zusammen? Verbinde.

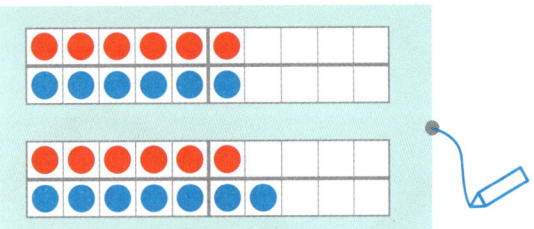

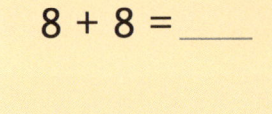

8 + 8 = ____

8 + 9 = ____

7 + 7 = ____

7 + 8 = ____

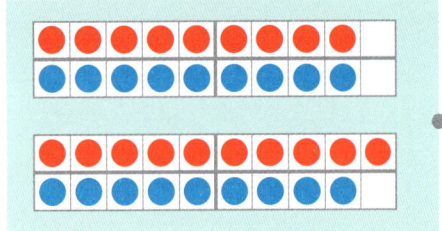

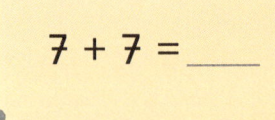

6 + 6 = ____

6 + 7 = ____

9 + 9 = ____

10 + 9 = ____

1 Die Anzahl der blauen Kästchen wird verdoppelt. 2 Verdopplungsaufgaben und Nachbaraufgaben lösen.

Halbieren

1 Färbe die Hälfte von den Figuren.

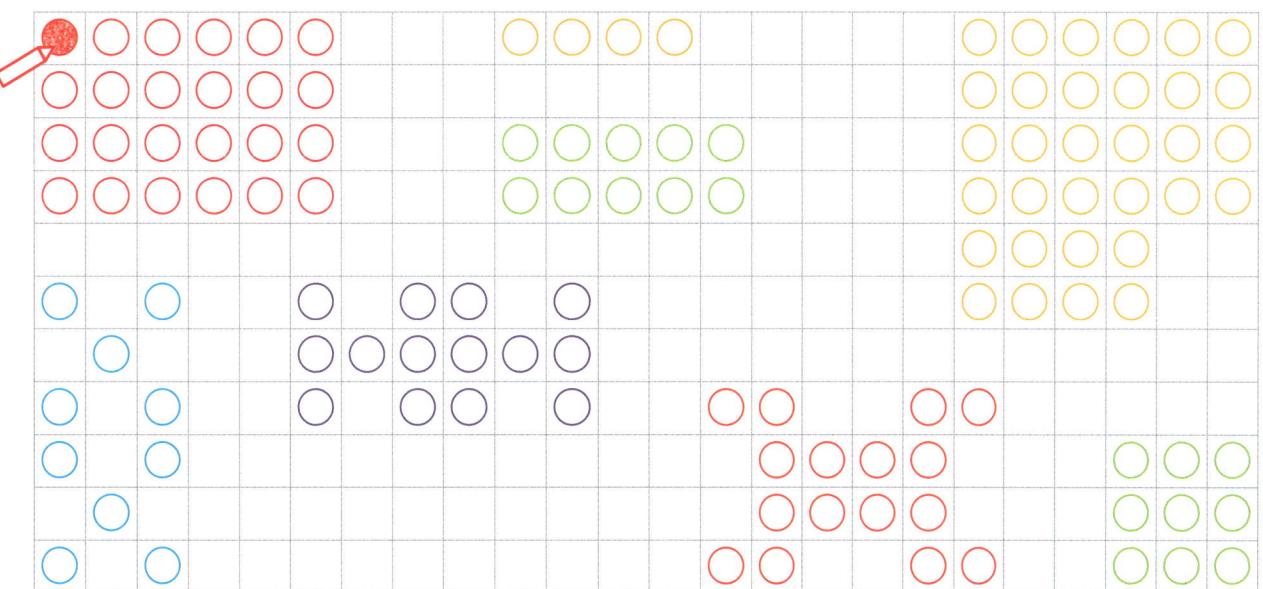

Das geht ja gar nicht!

2

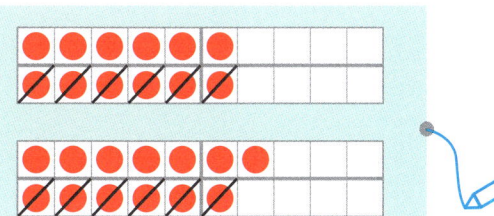

16 − 8 = ____

17 − 8 = ____

12 − 6 = ____

13 − 6 = ____

1 Die Hälfte der Kreise färben: Es gibt verschiedene Möglichkeiten. Eine Figur lässt sich nicht mit vollständigen Kreisen halbieren. Kreative Lösungen sind möglich. **2** Verdopplungsaufgaben und Nachbaraufgaben lösen.

Zauberdreiecke

1 Löse die Zauberdreiecke.

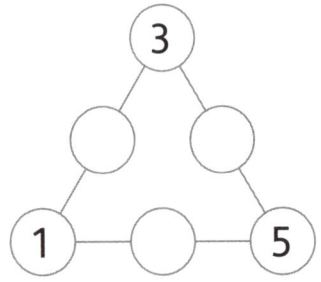

Zauberzahl 10

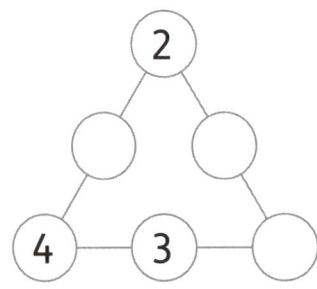

Zauberzahl 13

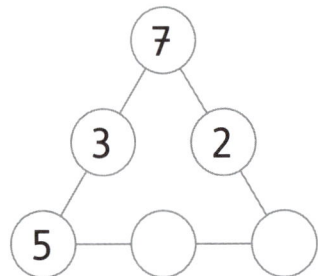

Zauberzahl ____

2 Fehlersuche: Welche Zahl stimmt hier nicht? Kreise ein und korrigiere.

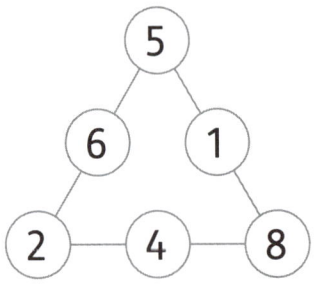

Zauberzahl 14

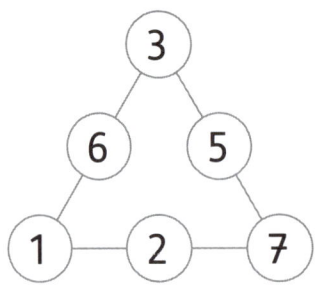

Zauberzahl 10

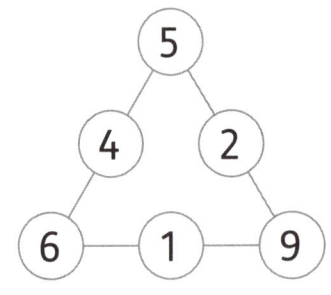

Zauberzahl 15

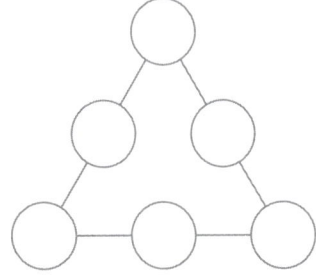

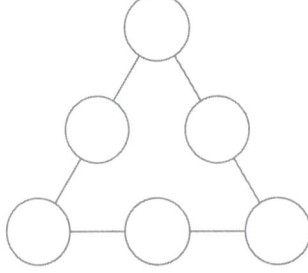

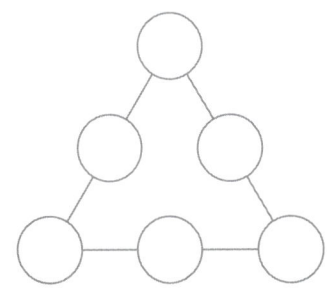

3 Welche Zahlen fehlen? Setze ein.

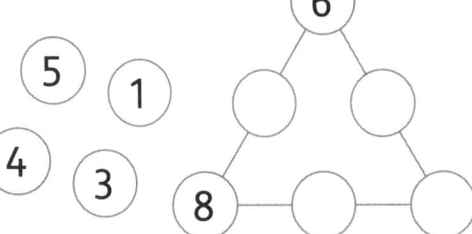

Zauberzahl 15

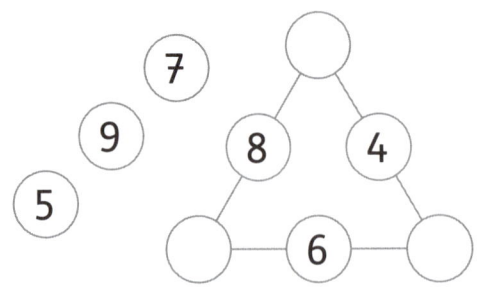

Zauberzahl 20

Die Seiten eines Zauberdreiecks sind summengleich. Keine Zahl wird im Zauberdreieck mehrfach verwendet. **1** Fehlende Zahlen berechnen und eintragen. **2** Fehler suchen, einkreisen und korrigieren. **3** Zahlen passend einsetzen.

1 Löse durch Probieren.

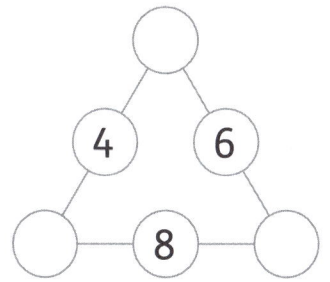

Zauberzahl 20

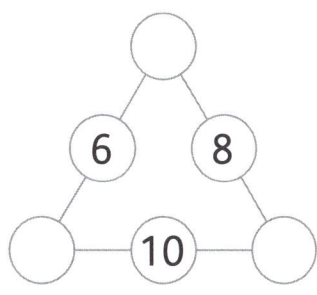

Zauberzahl 18

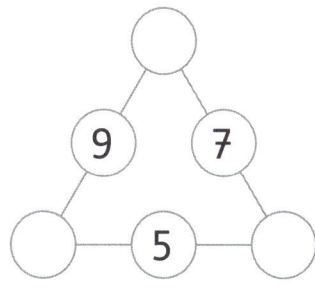

Zauberzahl 19

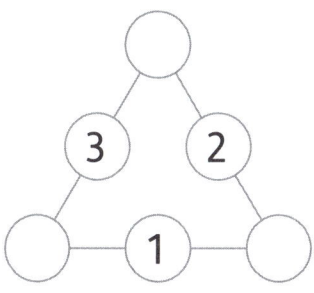

Zauberzahl 12

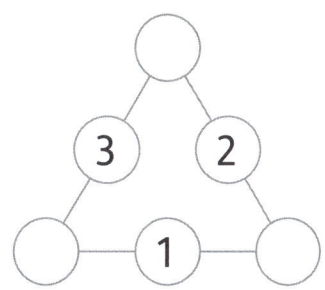

Zauberzahl 16

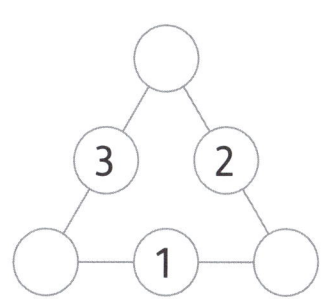

Zauberzahl 20

2

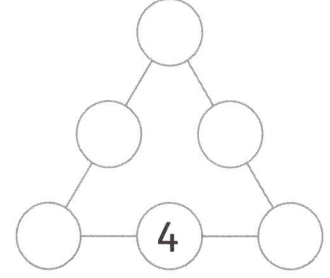

Zauberzahl 9

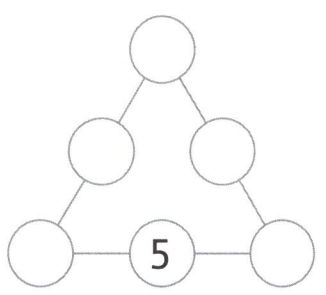

Zauberzahl 9

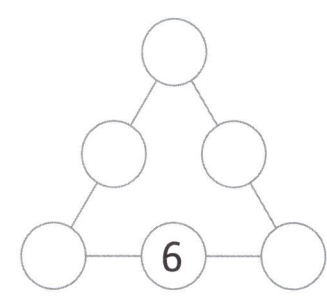

Zauberzahl 9

3 Findest du eine Lösung?

Ich finde keine Lösung. Weißt du warum?

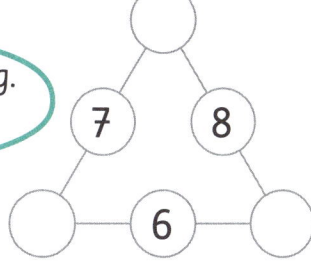

Zauberzahl 10

Es gibt keine Lösung,

denn _____

_____

_____

_____

1–2 Mit Zahlenkarten probieren.   3 Mit Zahlenkarten alle möglichen Zahlen systematisch probieren. Mithilfe konkreter Zahlen begründen, dass es keine Lösung gibt.

Zahlenfolgen

1 Setze die Zahlenfolgen fort.

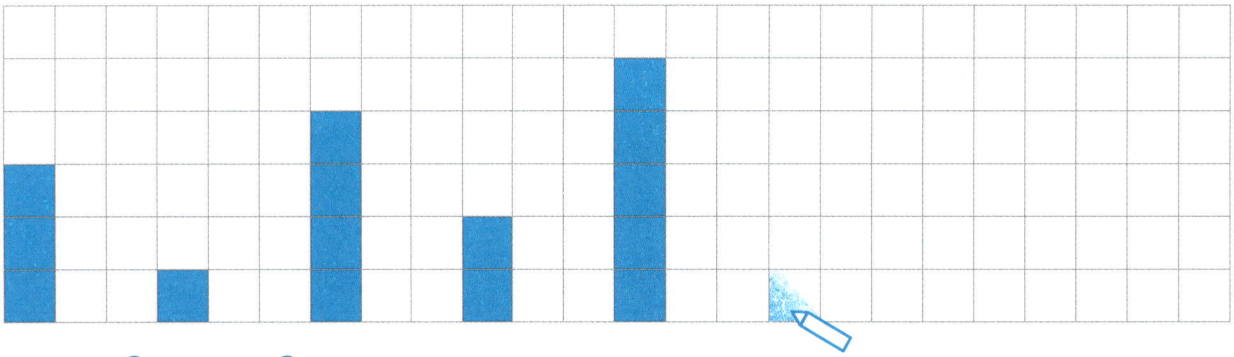

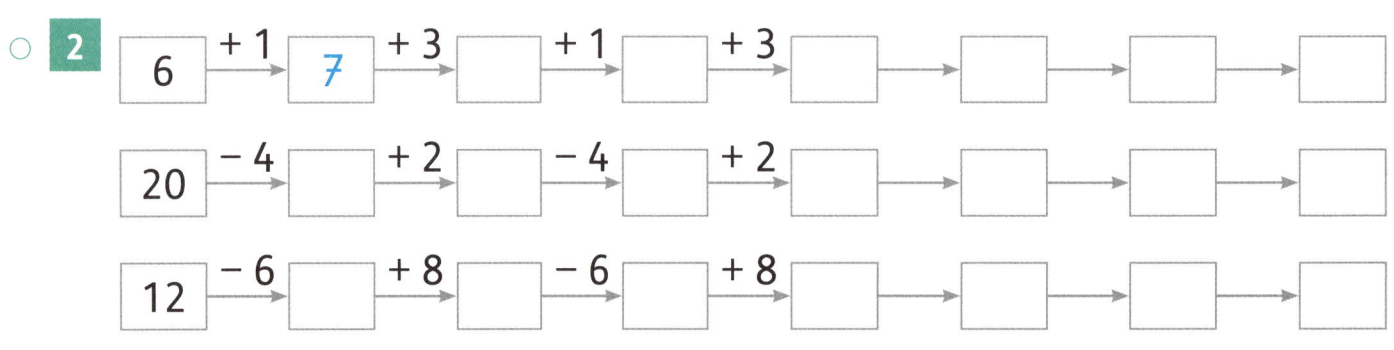

$$3 \xrightarrow{-2} 1 \xrightarrow{+3} \square \rightarrow \square \rightarrow \square \rightarrow \square \rightarrow \square \rightarrow \square$$

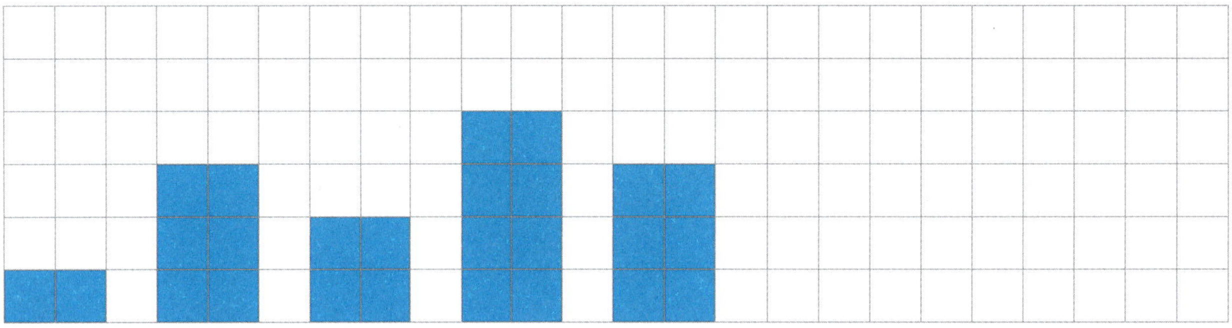

$$2 \rightarrow 6 \rightarrow \square \rightarrow \square \rightarrow \square \rightarrow \square \rightarrow \square \rightarrow \square$$

2

$$6 \xrightarrow{+1} 7 \xrightarrow{+3} \square \xrightarrow{+1} \square \xrightarrow{+3} \square \rightarrow \square \rightarrow \square \rightarrow \square$$

$$20 \xrightarrow{-4} \square \xrightarrow{+2} \square \xrightarrow{-4} \square \xrightarrow{+2} \square \rightarrow \square \rightarrow \square \rightarrow \square$$

$$12 \xrightarrow{-6} \square \xrightarrow{+8} \square \xrightarrow{-6} \square \xrightarrow{+8} \square \rightarrow \square \rightarrow \square \rightarrow \square$$

3

$$17 \xrightarrow{-4} 13 \rightarrow 15 \rightarrow 11 \rightarrow 13 \rightarrow \square \rightarrow \square \rightarrow \square$$

$$1 \rightarrow 7 \rightarrow 7 \rightarrow 13 \rightarrow 13 \rightarrow \square \rightarrow \square \rightarrow \square$$

1–3 Rechenregeln erkennen, Operatoren notieren. Zahlenfolge gemäß der jeweiligen Rechenregel fortsetzen.

1 Setze die Zahlenfolgen fort.

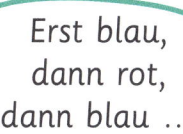

Erst blau, dann rot, dann blau …

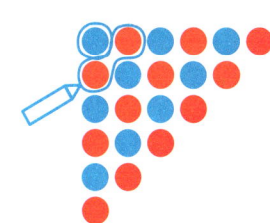

| 1 | +2 | 3 | → | 6 | → | | → | | → | |

| 1 | + | 4 | → | | → | | → | | → | |

2

| | −5 | | +2 | | −5 | 17 | +2 | | → | | → | | → | |

| | +2 | | +1 | | +2 | 11 | +1 | | → | | → | | → | |

| | −3 | | −2 | | −3 | 12 | −2 | | → | | → | | → | |

| | +5 | | −1 | | +5 | 11 | −1 | | → | | → | | → | |

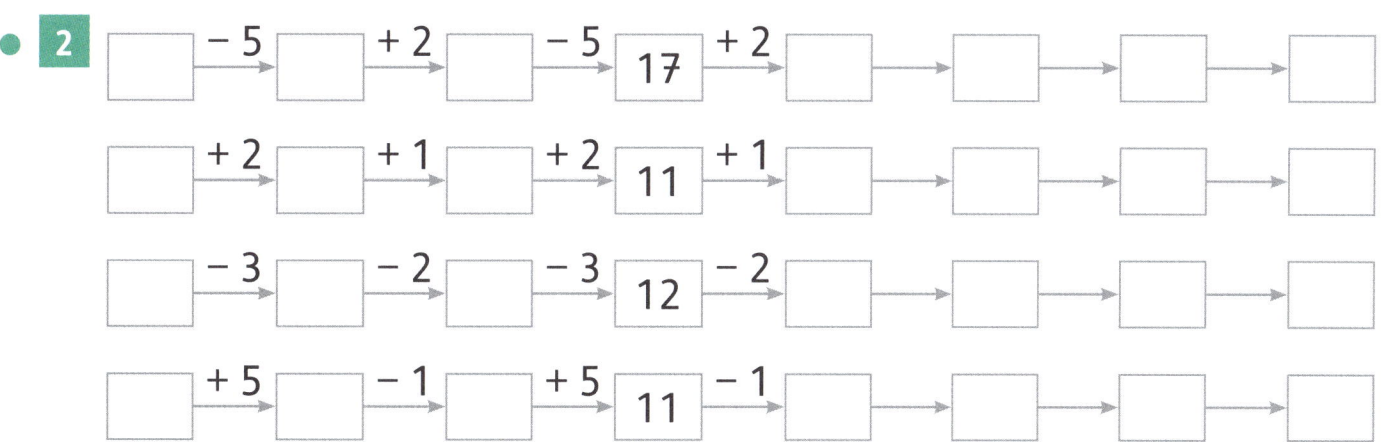

3

| | +2 | | +1 | | +2 | | +1 | | → | | → | | → | 15 |

| | +2 | | −4 | | +2 | | −4 | | → | | → | | → | 6 |

| | −9 | | +7 | | −9 | | +7 | | → | | → | | → | 5 |

| | → | | +5 | | → | | +5 | | → | | +5 | | → | 13 |

| | → | | → | | → | | → | | −5 | | → | | −5 | 0 |

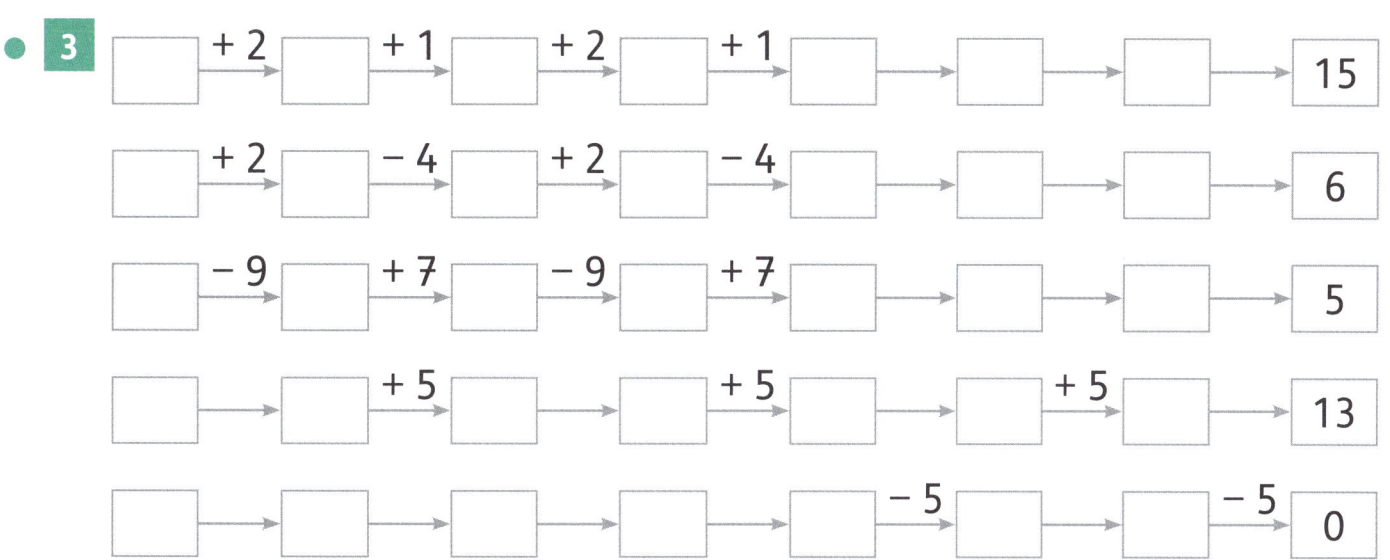

1–3 Rechenregeln erkennen, Operatoren notieren. Zahlenfolgen gemäß der jeweiligen Rechenregel fortsetzen.

Plus- und Minusaufgaben

 1

2 + 2 + 2 = ____
3 + 3 + 3 = ____
4 + 4 + 4 = ____
5 + 5 + 5 = ____

_____

2 + 2 + 2 + 2 = ____
3 + 3 + 3 + 3 = ____
4 + 4 + 4 + 4 = ____
5 + 5 + 5 + 5 = ____

_____

 2

20 − 2 − 2 = ____
20 − 3 − 3 = ____
20 − 4 − 4 = ____
20 − 5 − 5 = ____

_____

21 − 7 − 6 − 5 = ____
21 − 6 − 5 − 4 = ____
21 − 5 − 4 − 3 = ____
21 − 4 − 3 − 2 = ____

_____

3

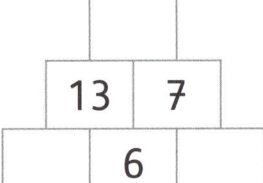

4   Setze ein. Jeweils ein Stein bleibt übrig.

| 3 | 5 | 7 | 8 | 10 | 12 |

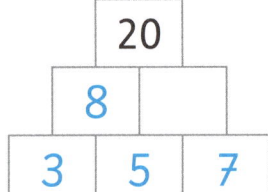  

1 Zahlen verdreifachen und vervierfachen durch fortgesetztes Addieren. 2 Fortgesetzte Subtraktionsaufgaben lösen.
4 Zahlen passend in die Mauern einsetzen, jeweils eine Zahl bleibt übrig. Es gibt sechs Möglichkeiten.

1 Rechne geschickt.

$4 + 13 - 4 = \_\_\_$　　　$5 + 17 - 5 = \_\_\_$　　　$8 + 3 - 6 + 3 = \_\_\_$

$12 - 6 + 3 = \_\_\_$　　　$16 - 7 + 4 = \_\_\_$　　　$19 + 4 - 8 + 4 = \_\_\_$

$13 + 4 - 3 = \_\_\_$　　　$15 + 8 - 7 = \_\_\_$　　　$20 + 12 - 6 - 6 = \_\_\_$

$16 + 5 - 10 = \_\_\_$　　　$17 + 7 - 10 = \_\_\_$　　　$17 - 5 + 12 - 7 = \_\_\_$

2 Finde Rechenfehler.

$3 + 3 + 7 = 12$ f　　　$2 + 2 + 8 = 14$ ☐　　　$8 + 3 + 2 + 7 = 20$ ☐

$4 + 5 + 2 = 11$ ☐　　　$5 + 6 + 4 = 15$ ☐　　　$4 + 5 + 5 + 6 = 19$ ☐

$6 + 1 + 5 = 10$ ☐　　　$7 + 5 + 7 = 13$ ☐　　　$1 + 9 + 8 + 1 = 20$ ☐

$4 + 2 + 8 = 12$ ☐　　　$8 + 9 + 1 = 18$ ☐　　　$3 + 6 + 7 + 2 = 17$ ☐

$16 - 3 - 5 = 8$ ☐　　　$15 - 5 - 6 = 4$ ☐　　　$12 - 3 + 2 + 1 = 9$ ☐

$14 - 7 + 3 = 11$ ☐　　　$20 - 5 - 10 = 15$ ☐　　　$14 + 8 - 4 - 4 = 14$ ☐

$12 + 3 - 5 = 10$ ☐　　　$13 - 7 - 3 = 7$ ☐　　　$17 - 2 + 12 - 10 = 15$ ☐

$19 - 9 + 1 = 9$ ☐　　　$24 - 5 - 3 = 12$ ☐　　　$22 - 10 - 2 + 10 = 12$ ☐

3 Welche Aufgaben haben dasselbe Ergebnis? Verbinde.

$7 + 5 + 3$ •　　　　• $15 - 10 + 1$

$8 + 9$ •　　　　• $7 + 3 + 5$

$8 + 5$ •　　　　• $6 + 3 - 4$

$15 - 9$ •　　　　• $8 + 10 - 1$

$6 - 4 + 3$ •　　　　• $15 - 5 - 3$

$15 - 8$ •　　　　• $8 + 2 + 3$

Immer 2 gehören zusammen.

1–2 Rechenvorteile nutzen.　3 Aufgaben mit dem gleichen Ergebnis verbinden.

55

Ungleichungen

1 Clara hat 4 gelbe und 3 grüne Murmeln.
Tino hat 6 grüne Murmeln.

Wer hat mehr Murmeln?

$4 + 3 > 6$

Willi hat 6 rote und 9 blaue Steckwürfel. Julia hat 7 rote und 4 blaue Steckwürfel.

Wer hat mehr Steckwürfel?

_____

_____

2 Male oder schreibe eine Geschichte.

$2 + 7 \bigcirc 14$

$6 + 5 \bigcirc 8 + 4$

3 Löse die Aufgaben. Du musst nicht rechnen.

$13 - 3 \gtrless 8$	$5 + 6 \bigcirc 4 + 9$	$12 - 6 \bigcirc 2 + 2$
$13 - 4 \bigcirc 8$	$6 + 6 \bigcirc 4 + 8$	$14 - 7 \bigcirc 3 + 3$
$13 - 5 \bigcirc 8$	$7 + 6 \bigcirc 4 + 7$	$16 - 8 \bigcirc 4 + 4$
$13 - 6 \bigcirc 8$	$8 + 6 \bigcirc 4 + 6$	$18 - 9 \bigcirc 5 + 5$

4

$10 < \_\_\_ + \_\_\_$	$5 > \_\_\_ - \_\_\_$	$5 + \_\_\_ < 5 + \_\_\_$
$10 = \_\_\_ + \_\_\_$	$5 = \_\_\_ - \_\_\_$	$4 + \_\_\_ = 6 + \_\_\_$
$10 > \_\_\_ + \_\_\_$	$5 < \_\_\_ - \_\_\_$	$3 + \_\_\_ > 7 + \_\_\_$

56   1 Ungleichungen zu den Texten aufstellen.   2 Zu den Ungleichungen Situationen malen oder beschreiben.   3 Relations-
zeichen einsetzen.   4 Ungleichungen ergänzen.

Mit Fragen arbeiten

○ **1** Welche Fragen kannst du beantworten? Kreuze sie an und antworte.

Paul und Mia gehen mit ihrer Oma auf den Flohmarkt.

X Wie viel Geld hat Paul in der Hand? *Er hat* _____

◻ Wie viel Geld hat Paul gespart? _____

◻ Reicht sein Geld für das Auto? _____

◻ Wie viel Geld fehlt ihm für das Flugzeug? _____

◻ Mia möchte das Schiff und das Auto kaufen. Hat sie genug Geld?

_____

◻ Wie viel Geld haben die Kinder zusammen? _____

◻ Wie viel Geld bekommen sie von Oma? _____

◻ Was kosten alle Spielzeuge zusammen? _____

_____

◻ Oma möchte das Flugzeug und das Schiff kaufen. Wie viel Geld muss sie sich leihen?

_____

● **2** Stelle eigene Fragen und antworte.

_____

_____

_____

1–2 Entscheiden, welche Fragen beantwortet werden können und welche aufgrund fehlender Informationen nicht.

Mit Skizzen arbeiten

1 Wie viele Murmeln hat jedes Kind?

Sofia hat 8 Murmeln.
Ena hat 2 Murmeln weniger.

S	o	o	o	o	o	o	o	o
E								

Ena hat ＿＿ Murmeln.

Paul hat 6 Murmeln.
Er hat 4 weniger als Ellen.

Ellen hat ＿＿ Murmeln.

2 Elise hat 4 Murmeln. Clara hat 5 Murmeln mehr als Elise. Willi hat 3 Murmeln weniger als Clara.

Clara hat ＿＿ Murmeln.
Willi hat ＿＿ Murmeln.

Sinja hat 6 Murmeln. Max und Moritz haben gleich viele Murmeln. Zusammen haben sie 4 Murmeln mehr als Sinja.

Max hat ＿＿ Murmeln.
Moritz hat ＿＿ Murmeln.

3 Nele und Emma haben zusammen 20 Murmeln. Sie gleich viele Murmeln.

Nele hat ＿＿ Murmeln.
Emma hat ＿＿ Murmeln.

Ben und Luca haben zusammen 20 Murmeln. Ben hat 4 Murmeln mehr als Luca.

Ben hat ＿＿ Murmeln.
Luca hat ＿＿ Murmeln.

1–3 Zu den Aufgaben Lösungsskizzen zeichnen und Aufgaben lösen.

Gleichungen

1 Löse die Aufgabe. Schreibe einen Antwortsatz.

Kilian hat 8 Karten.
Es gibt insgesamt 12 Karten.
Wie viele Karten fehlen
ihm noch?

_____

_____

Jana hat 17 €.

Wie viel Geld fehlt ihr noch?

_____

_____

2 Male oder schreibe eine Geschichte.

$12 + \underline{\quad} = 14$

$18 + \underline{\quad} = 20$

3

$18 - 17 = \underline{\quad}$ $11 - 7 = \underline{\quad}$ $19 - 12 = \underline{\quad}$

$17 + \underline{\quad} = 18$ $7 + \underline{\quad} = 11$ $12 + \underline{\quad} = 19$

$17 - 14 = \underline{\quad}$ $12 - 9 = \underline{\quad}$ $21 - 19 = \underline{\quad}$

_____   _____   _____

4

$12 + 5 = 13 + \underline{\quad}$ $18 - 5 = 17 - \underline{\quad}$ $13 + 6 = 15 + \underline{\quad}$

$13 + 7 = 14 + \underline{\quad}$ $19 - 2 = 18 - \underline{\quad}$ $12 + 7 = 17 + \underline{\quad}$

$15 + 1 = 14 + \underline{\quad}$ $14 - 3 = 15 - \underline{\quad}$ $15 + 1 = 12 + \underline{\quad}$

$9 + 5 = 10 + \underline{\quad}$ $12 - 8 = 13 - \underline{\quad}$ $9 + 6 = 7 + \underline{\quad}$

1 Gleichungen zu den Texten aufstellen. **2** Zu den Gleichungen Situationen malen oder beschreiben. **3** Subtraktionsaufgaben mithilfe der Ergänzungsaufgabe lösen. **4** Gleichungen ergänzen.

Mit Gleichungen arbeiten

1 Verbinde die Aufgaben mit der passenden Gleichung. Löse die Aufgaben.

Das Buch hat 20 Seiten. Robin liest 9 Seiten. Lena liest ihm 3 Seiten vor. Robin muss noch ____ Seiten lesen.

20 Kinder fahren mit dem Schulbus. Zuerst steigen 9 Kinder und dann 6 Kinder aus. Es sitzen noch ____ Kinder im Bus.

____ − 9 − 6 = 3

20 − 9 − 6 = ____

6 + 3 + 9 = ____

20 − 9 − 3 = ____

Alina kauft ein Pferd für 9 € und ein Pony für 6 €. Nun hat sie noch 3 €. Vorher hatte sie ____ € in der Spardose.

Ben gibt Pia 6 Aufkleber und Amelie 3 Aufkleber. Er hat noch 9 Aufkleber. Vorher hatte Ben ____ Aufkleber.

2 Was gehört zusammen? Färbe ein und löse.

Kilian hat 20 €. Er kauft ein Raumschiff für 11 €. Er möchte noch 2 Autos kaufen. Ein Auto kostet 4 €.

Johanna hat 20 €. Sie kauft 4 kleine Spielfiguren. Sie kosten jeweils 2 €. Danach kauft sie noch ein Stofftier für 11 €.

Wie viel Geld bleibt übrig?

Reicht das Geld?

____

____

1 Zu jeder der vier Aufgaben passt eine Gleichung. **2** Passende Aussagen, Fragen und Gleichungen zuordnen und lösen. Antwortsätze bilden.

1 Verbinde die Aufgaben mit der passenden Gleichung. Löse die Aufgaben.

Wenn du von meiner Zahl zuerst 5 und dann 7 abziehst, erhältst du 3.

Wenn du zu meiner Zahl zuerst 5 und dann 7 dazuzählst, erhältst du 23.

____ + 5 + 7 = 23

____ + 5 − 7 = 3

____ − 5 + 7 = 23

____ − 5 − 7 = 3

Wenn du zu meiner Zahl zuerst 5 dazuzählst und dann 7 von ihr abziehst, erhältst du 3.

Wenn du von meiner Zahl zuerst 5 abziehst und dann 7 dazuzählst, erhältst du 23.

2 Löse die Zahlenrätsel.

Zähle zu meiner Zahl 6 dazu. Das Ergebnis ist doppelt so groß wie meine Zahl.
Meine Zahl heißt ____ .

Wenn du meine Zahl halbierst und dann 8 abziehst, erhältst du 1.
Meine Zahl heißt ____ .

Halbiere meine Zahl, zähle 1 dazu und halbiere das Ergebnis nochmal. Du erhältst 3.
Meine Zahl ist ____ .

Wenn du meine Zahl halbierst, dann 1 dazuzählst und dann verdoppelst, erhältst du 14.
Meine Zahl ist ____ .

1 Den vier Rätseln jeweils eine Gleichung zuordnen. **2** Rätsel lösen.

61

Kombinieren

1 Welche Möglichkeiten hat Ben, die Würfel anzuordnen? Färbe.

1 Ben hat

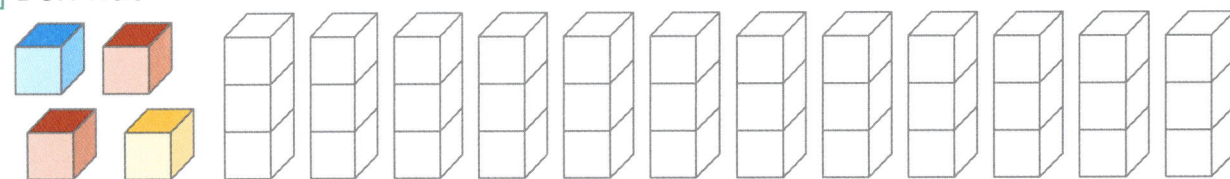

Wie viele verschiedene Türme kann er bauen? _____

2 Ben hat

Wie viele verschiedene Türme kann er bauen? _____

2 Emma packt Gummibärchen in Tüten.

Wie viele verschiedene Möglichkeiten gibt es? Färbe.

1 Emma packt rote und gelbe Gummibärchen. Immer 3 in eine Tüte.

2 Emma packt rote und gelbe Gummibärchen. Immer 4 in eine Tüte.

3 Emma packt rote und gelbe Gummibärchen. Immer 5 in eine Tüte.

Wie viele Tütchen kann sie packen?

_____

1–3 Aufgaben zur Kombinatorik durch systematisches Probieren lösen.

Zufall

1 Sicher, möglich oder unmöglich?

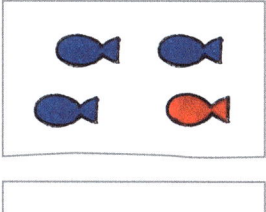 Max fängt:

unmöglich

Max fängt:

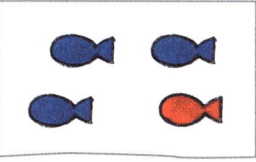 Max fängt:

 Max fängt:

2 Färbe die Fische so, dass die Aussagen richtig sind.

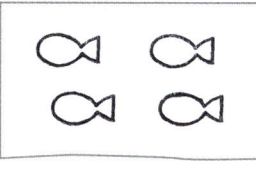 Pia fängt:

möglich

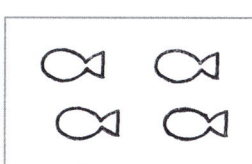 Pia fängt:

sicher

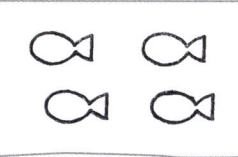 Pia fängt:

möglich

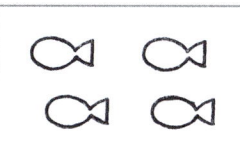 Pia fängt:

möglich

3 Sicher, möglich oder unmöglich?

Der Rabe ist ein Vogel.

Der Rabe hat einen blauen Schnabel.

Der Rabe liebt Nüsse.

Morgen regnet es.

An Weihnachten ist schulfrei.

Die Sommerferien beginnen im Mai.

1–3 Sichere, mögliche und unmögliche Ereignisse unterscheiden.

Zufallsversuche

1 Wirf 30-mal 3 Wendeplättchen.

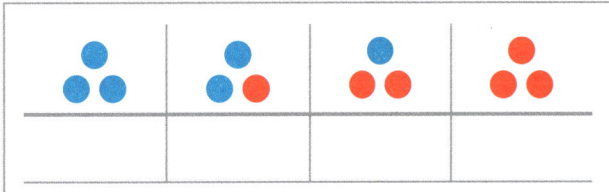

Was ist häufig gefallen?

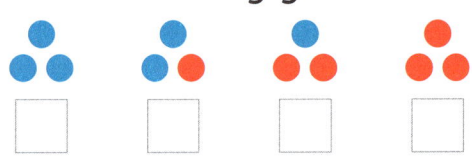

Was ist selten gefallen?

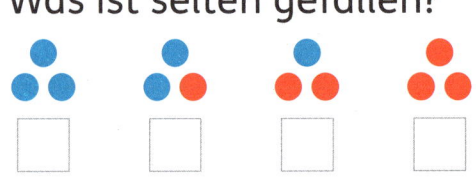

Setze passend ein: **häufiger** **weniger häufig**

wird _____ geworfen als

wird _____ geworfen als

2 Wie können 3 Wendeplättchen fallen? Male die Möglichkeiten ein.

Es gibt ____ Möglichkeit.

Es gibt ____ Möglichkeit.

Es gibt ____ Möglichkeiten.

Es gibt ____ Möglichkeiten.

3 Pia und Tim werfen 20-mal 3 Plättchen.

Wer gewinnt? Begründe.

_____ gewinnt, denn _____

_____

_____ .

Pia	Tim
I	II

1 Jeweils drei Wendeplättchen werfen und Häufigkeit der vier möglichen Ereignisse beobachten. Häufigkeitsverteilung notieren (häufig, selten, häufiger, weniger häufig). Möglichkeiten notieren, welche Farbkombinationen auftreten können bei Berücksichtigung der verschiedenen Plättchen. **3** Argumentieren, wer gewinnt. Ergebnisse von Aufgabe 2 nutzen.